우울함이 아니라 지루함입니다

우울함이 아니라
지루함입니다

변지영 지음

P 필로소픽

"현대인을 가장 위협하는 정신적 문제는
우울이나 불안이 아니다. 지루함과 공허감이다."

차례

> "인간 행복의 두 적은 고통과 지루함이다. 하나에서 벗어나는 데
> 성공할수록 다른 하나에 더 가까워진다. 삶은 고통과 지루함 사
> 이를 왔다 갔다 한다."
> —— 아르투어 쇼펜하우어1

비가 내리던 밤, 버스를 타고 어딘가 가는 길이었다. 창밖
을 보려던 나는 유리창에 반사되어 비치는 영상을 보게 되
었다. 앞좌석 승객의 스마트폰 화면이었다. 그는 손가락으
로 연신 스크롤하면서 짧은 영상을 보다 넘기고 보다 넘
기기를 반복하고 있었다. 뭔가를 본다기보다는 볼 것을
찾아 헤매는 느낌이었다. 그는 자신이 보는 화면이 그대로
유리창에 비친다는 사실을 전혀 의식하지 못하고 고개를
숙인 채 손가락을 따라 바삐 눈을 움직이고 있었다.

  잠깐 뭔가를 보는 것 같다가도 이내 다른 영상으로
눈을 돌리고, 잠시도 가만있지 못하는 그 사람은 온몸으
로 '지루함'을 내뿜고 있었다. 뭔가를 강렬히 원하지만, 그

게 뭔지를 모르고 계속 찾아다니는 사람의 부산함, 불만
족과 갈망 사이의 어디쯤에서 그는 헤매고 있었다.

　오늘날 길거리에서 이런 모습을 발견하기란 어렵지
않다. 지하철이나 버스 안은 물론이고 식당에서, 가게에서,
횡단보도에서 우리는 작은 화면 안에서 뭔가를 찾는 사람
들을 마주친다.

　지루함에 관한 연구로 유명한 워털루대학교의 심리
학자 제임스 댄커트는 이렇게 말한다. "지루함이라는 상태
는 하나의 수수께끼"[2]다. 뭔가 하고 싶지만, 현재 가능한
것들은 모두 하고 싶지 않은 상태이기 때문이다. 어떤 활
동에 관여하고 싶고 뭔가에 참여하고 싶지만 그게 뭔지는
알 수 없는 상황에서 우리는 지루함을 느낀다. 한마디로
말해서 그게 무엇인지는 모르지만, 어쨌든 지금 하는 것은
아닌 다른 무언가를 하고 싶어 하는 상태다.

　많은 이들은 스마트폰 때문에 집중력이 떨어졌다고
믿고 싶어 하지만 실상은 그렇게 단순하지 않다. 사람들은
주의력을 통제하고 싶어서 스스로 주의를 산란하게 한다.
스트레스, 부정적 감정, 불편한 상황이나 불쾌한 경험 등
에 주의를 기울이고 싶지 않을 때 자신도 모르게 인지 부

하를 늘려 자극 인식과 처리에 사용할 수 있는 주의력 자원을 줄이려 하는 것이다.[3] 이를테면 기분이 별로 좋지 않을 때 그것을 느끼지 않으려고 눈앞에 이미지를 퍼부어댐으로써 신경을 '마비'시키려는 시도를 하는 것이다. 이런 차단은 일시적으로 효과가 있다. "생명체에게는 외부 자극으로부터 자신을 보호하는 것이 자극을 받아들이는 것보다 더 중요한 기능"[4]이라고 프로이트도 말하지 않았던가.

하지만 있는 그대로의 현실을 경험하지 않기 위해, 즉 경험을 회피하는 전략으로 산만함을 자주 사용하는 사람은 나중에 만만치 않은 대가를 치러야 한다. 자신의 경험에 대해 둔해지는 회피와 차단의 습관화는 개인적 차원에서는 만성 지루함으로, 대인적 차원에서는 공감의 실패, 관계 맺기의 어려움으로 이어질 수 있다.

시인 이오시프 브로츠키는 오래전 어느 명문대 졸업생들에게 축사를 하는 자리에서 이런 말을 했다.

"돈을 많이 벌어 부자가 되든 가난하든 상관없이, 여러분들은 필연적으로 삶의 단조로움에 시달리게 될 것입니다. 여러분들이 갖고 있는 것들이 지겨워질 것입니다. 일이 지루해지고, 친구들이 지루해지고 배우자와 연인이 지루해지고, 창밖으로 보는 풍경이나 방의 가구들, 벽지가 지겨워지겠죠. 자신의 생각이 지겨워지고 자기 자신이 지겨워질 것입니다. 여기서 탈출할 방법을 찾으려고 하겠죠. 직업을 바꿔보거나 거주지를 옮기거나 회사를, 사는 나라를 바꿀 수도 있습니다. 정신분석을 받거나 요리 수업을 듣거나 여행을 할 수도 있겠죠. 술, 문란한 생활에 빠지거나 마약에 손을 댈 수도 있을 것입니다."[5]

부푼 꿈을 안고 이제 막 사회로 나아가는 엘리트 청년들에게 "네가 뭘 이루든, 어떤 노력을 기울이든, 결국 너는 지루함에 빠지고 말 거야"라니! 질투심에서 비롯된 악담인 걸까? "내가 살아보니 별 거 없더라. 너무 애쓰지 마라"도 아닐 테고, 그가 전달하려던 메시지는 무엇이었을까? 오직 시를 쓰겠다는 일념으로 모든 고초를 견디고 미국으로 망명한 러시아계 미국인 브로츠키는, 서구의 물질적 풍요가 어디를 향하고 있는지 누구보다도 예리하게 포착했다. 그는 '지루함'이 인간을 덮치기 매우 쉬운 현상이며 이에 대한 각자의 대비책이 있어야 함을 역설한 것이다.

오늘날 우리가 맞닥뜨린 현실도 이와 다르지 않다. 젊을 때에는 '그것만 이루면 된다!'고 생각한다. 좋은 학교, 좋은 직장, 고소득을 확보하면 당연히 좋은 관계와 좋은 삶이 따라온다고 굳게 믿는다. 그래서 모두가 비슷한 목표를 갖고 비슷한 욕망을 키우며 비슷한 방식으로 노력을 기울인다. 또 모든 것이 '데이터'이고 '데이터가 과학'이기 때문에, '과학'에 기반해 미래를 예측하고 과학적 의사결정을 하다 보니 질은 사라지고 수량, 숫자만 남는다.

오늘날 이 나라의 학생들은 공부를 잘하면 거의 대부분 의사가 되고자 한다. 왜 의사가 되려고 하느냐 물어보면 주저 없이 "돈을 많이 벌 수 있어서"라고 말한다. 세상 모든 가치를 돈이 전부 흡수해버린 시대를 살아가는 젊은 이들은 건강도 행복도, 우정도 사랑도, 일의 보람이나 의미도, 돈으로 만들어지는 것처럼 여긴다. 이른바 '가성비'를 꼼꼼히 따져서 물건을 사듯, 내가 만나는 사람과 나 자신에 대해서도 들인 노력 대비 생산성, 아웃풋을 점검한다.

그러다 보니 생각의 흐름 자체가 자연스레 정량화, 획일화되어 간다. 또 한편으로는 삶을 계산대로 예측하고 통제할 수 있다고 착각하게 된다. 계획대로 되지 않으면, 궤도를 벗어나면 큰일 나는 줄 안다. 해야 할 일의 목록은 어차피 너무 많으니 생각할 필요도 없고 그럴 시간도 없다. 그러니 '이 다음을 향해' 계속 달린다. 모두가 힘들다고 외치면서 '나만 그런 것은 아니라는 사실'을 위안 삼는다.

지루함이라는 주제에 관심을 갖는 많은 학자들은 현대인의 번아웃과 우울, 혹은 만성 불안이 지루함과 공허감을 내포하고 있으며 이로 인한 불만과 공격성이 악성댓글, 괴롭힘과 폭력, 마약 및 약물 중독이라는 다양한 현상들과 연결되어 있다고 생각한다. 정신질환이 있는 사람이든 아니든, 사회적 성공을 거둔 사람이든 아니든, 성실한 사람이든 아니든 가리지 않고 찾아가는 것이 지루함이다. 우울함으로 알고 있지만 사실은 그 뿌리에 지루함이 들어있는 경우가 많다. 두 감정은 어떻게 다를까?

우울함과 달리 지루함은 우리가 계속 뭔가를 찾게끔 한다. 새로운 것을 찾고 추구하고 욕망하게 한다. 하지만 이내 무뎌지고 시들해져서 다른 것을 찾아가게 한다. 그 과정에서 우리는 헛발질을 한다. 잘못된 선택을 하기도 하고 돌이킬 수 없는 길로 빠져들기도 한다. 현대인은 더 불리하다. 매일같이 새로운 자극이 쏟아지고 변화가 빠른 이 시대는 우리의 신경을 피로하고 둔감하게 만들어, 오히려 지루함을 부추기기 때문이다. 산만해지기 쉬운 시대, 외부 자극으로 시선을 돌려 내부 경험을 회피하거나 억압하고 차단하기 쉬운 시대에 지루함은 우리가 인식하기조차 어

렵게 되었다. 그래서 더더욱 널리 퍼져 있고, 깊게 뿌리박
혀 많은 증상들을 움직이고 조종한다.

그렇다면 우리는 여기서 의문을 품을 수 있다. 애초에
인간은 왜 지루함, 지겨움과 같은 감정을 느끼는 것일까?
지루함의 진화적 기능은 무엇일까? 곳곳에 숨어 있는 지
루함을 알아차리는 법은 무엇이고, 지루함을 잘 다루는
법은 무엇일까? 이 책은 이런 질문에 대한 탐구의 여정을
담고 있다.

1장에서는 지루함의 넓이에 대해 알아본다. 지루함의
다양한 모습과 현상들을 살펴보고 지루함은 왜 느끼게 되
는 것인지, 그리고 지루함의 의미가 무엇인지 뇌의 예측과
기회비용의 관점에서 살펴보자.

2장은 지루함의 깊이로 들어간다. 인지주의, 실존주
의, 정신분석학 등 이론적 관점에 따라 조금씩 초점이 다
른 '지루함들'에 대해 들여다보고, 지루함을 낳는 시대를
예리하게 읽어낸 철학자와 사회학자들의 분석을 들어볼
것이다.

3장은 속도와 업데이트를 빼놓고는 논할 수 없는 현
대의 지루함, 즉 디지털 지루함에 대해 다룬다. 새로운 것
을 추구하는 속도가 빨라질수록, 낡은 것이 버려지는 속

도 또한 빨라지는 오늘날의 역설적 풍경이 의미하는 바가
무엇인지 들여다본다.

마지막으로 4장에는 지루함을 뼛속 깊이 알아차리고
가로질러 가는 법, 지루함의 근원적 처방을 담았다.

지루한 순간에는 무수한 기회가 들어 있다. 통증이나
우울과 마찬가지로 그것을 "어떻게" 인식하느냐에 따라
완전히 다른 경험이 된다. 어떤 사람들에게는 그냥 빨리
지나갔으면 싶은 불쾌한 감각이나 감정도, 어떤 사람들에
게는 삶을 뒤집는 깨달음의 기회가 되는 것이다.

이 책을 잘 관통한 독자분들은 지루함을 회피하거나
기피하지 않고 각자의 우물로 깊게 내려가 물을 퍼올리는
삶의 두레박으로 삼게 되리라 기대한다.

1장

지루함의 넓이

뜻밖에도, 지루함

"인간의 모든 활동은 지루함으로부터 도망치려는 헛된 시도다."
—— 에밀 타르디외[1]

살면서 지루함을 경험해보지 않은 사람은 없을 것이다. 학교에서, 회사에서, 모임에서 우리는 이따금 지루함을 느낀다. 병원 대기실에서 1시간 넘게 기다리기, 혹은 예정된 시간이 지나도 오지 않는 버스 기다리기, 무슨 말인지 하나도 알아들을 수 없는 강의를 억지로 듣기 등은 누구나 지루함을 느낄 만한 상황이다.

지루함은 불쾌한 감정이기 때문에 사람들은 대체로 이 감정을 빨리 없애고 싶어 한다.[2] 지루함이 스멀스멀 찾아들 때, 사람들은 상황을 단번에 바꿔줄 재미있는 일, 오락거리를 찾는다. 물론 오늘날에는 심심하거나 지루할 틈이 별로 없다. 그런 느낌이 들기도 전에 휴대폰을 꺼내어

SNS나 사진, 뉴스, 영상물로 시선을 돌린다. 책과 영화, 음악, 게임 등 우리가 쉽게 접근할 수 있는 새로운 자극들은 얼마든지 있다. 특별히 할 일이 없어도, 대화를 나눌 사람이 없어도 언제든 주의를 돌릴 거리가 있다.

누구나 그럴 만한 상황에서 느끼는 지루함은 곧 사라지는 일시적인 것이지만 어떤 지루함은 종종 극단적이고 만성적이다. 어떤 사람들은 다른 사람에 비해 더 자주, 더 강하게 지루함을 느낀다. 지루함에 잘 대처하는 사람도 있는 반면 지루함에 매우 취약한 사람들도 있다. 이 책에서 말하는 지루함이나 철학자와 심리학자들이 연구 대상으로 삼는 지루함은 특별한 이유 없이 지속되는, 만성적으로 깔려 있는 지루함, 혹은 극단적으로 강렬하게 느껴지는 지루함이다.

만성적으로 지루함을 느끼는 사람들은 아무런 자극이 없는 것을 잘 견디지 못한다. 가라앉는 기분을 전환하기 위해 몸에 해롭고 자극적인 음식을 자주 먹거나[3] 폭식을 비롯한 다양한 섭식 장애를 겪기도 한다.[4] 과도한 흡연[5]이나 과음[6]을 하기도 한다. 이뿐만이 아니다. 즉각적으로 주의를 돌리려는 시도 중 하나로 약물을 남용하거나 위험하고 충동적인 행동을 반복하거나[7] 도박이나 마약에 빠지기도 한다.

미국에서 약물을 남용한 젊은이들을 대상으로 마약에 빠지게 된 이유를 물어보았더니 주요 원인 중 하나로 "지루해서"라는 응답이 나왔다.[8] 마약을 상습적으로 사용하는 사람들은 지루한 기분이 들 때 더 하는 경향이 있고, 치료를 중도에 포기하는 이유 역시 지루함을 견디지 못해서인 경우가 많다.[9] 도박도 마찬가지다. 도박에 중독된 사람들은 지루한 기분을 피하거나 줄이기 위해 도박장을 찾는다.[10]

한편 덴마크 오르후스대학교의 심리학자 스테판 파타이커Stefan Pfattheicher는 타인에게 해를 끼치면서 쾌감을 느끼는 성향, 사디즘sadism의 주요 원인이 만성 지루함이라고 주장한다. 지루함을 자주, 강하게 느끼는 사람들이 가학적 공격성을 보인다는 것이다. 파타이커의 연구팀은 미국, 독일, 덴마크 3개국에서 7,000여 명의 참가자를 모집해 다섯 번의 설문조사 연구와 네 번의 실험 연구를 진행했다. 개인의 성격 특성과 관계없이 만성 지루함과 사디즘 수준이 상관관계가 있는지 확인하고, 만성 지루함이 가학적 행동을 하는 직접적 원인이 될 수 있는지 실험을 통해 살펴본 결과,[11] 일상생활에서 만성적으로 지루함을 느끼는

사람들에게서 가학적 성향이 더 두드러진다는 사실을 발
견했다. 악성댓글, 군대 내에서의 가학적 행동, 가정에서의
아동폭력 등 다양한 맥락에 걸쳐 일관된 결과가 나타났다.
더 지루할수록 더 잔인했다. 하지만 '대안이 있고 없음'의
차이가 중요했다. 지루해도 다른 활동을 할 수 있는 여건
이라면 본래 사디즘 성향이 강한 사람들만 가해 행동을
하는 것으로 나타났다. 반면 대안이 전혀 없는 조건에서는
사디즘 성향이 약한 사람들에게서도 가해 행동이 증가하
는 결과를 보였다.

　　만성 지루함이 타인에 대한 가학성만 불러일으키는
것은 아니다. 자기 자신에게 해를 끼치는 행동과도 관련이
있다. 지루함은 자발적으로 전기충격 버튼을 누르게도 한
다는 충격적인 결과를 보여준 버지니아대학교의 심리학자
티머시 윌슨의 실험 연구[12]를 살펴보자.

　　실험 참가자들은 휴대폰과 필기도구를 비롯한 모든
소지품을 바깥에 맡겨두고 아무런 도구도 놓여 있지 않은
방에 혼자 들어갔다. 규칙은 간단했다. 의자에 앉아 즐거
운 생각을 하면서 시간 보내기. 실험은 10분 정도 진행되
었고, 무슨 생각을 하든 자유였다. 졸지만 않으면 되었다.
시간이 다 된 뒤 참가자들은 그 경험이 얼마나 즐거웠는

지, 얼마나 집중할 수 있었는지 등의 문항의 담긴 설문지
를 작성했는데, 대부분의 참가자들이 그 경험은 "즐겁지
않았으며 집중하기 어려웠다"라고 답했다. 생각만 해야 하
는 상황은 한마디로 지루하게 느껴졌다.

이번에는 참가자들에게 독서, 음악 감상, 웹 서핑과
같은 활동을 하거나, 아까처럼 그냥 생각하면서 시간을
보내는 것 중 하나를 선택하도록 했다. 참가자들은 '생각
하기'보다 활동하기를 선호했다. 또한 생각보다는, 행동을
할 때 더 집중하기 쉬웠다고 응답했다. 게다가 아무 자극
없이 지루한 것보다는 차라리 전기충격을 받는 것이 낫다
고 생각했다. 실제로 참가자의 다수(남성의 경우 67%, 여성
의 경우 25%)가 '생각하기'보다 '전기충격'을 택했다. 전기
충격기의 전원 버튼을 누를지 누르지 않을지를 자신이 선
택할 수 있는 조건이었음에도 그들은 스스로 전기충격을
가했다.

이는 인간의 뇌가 아무것도 하지 않는 것보다 어떤 행
위라도 하도록 설정되어 있다는 사실을 보여준다. 우리 뇌
에서 행동, 혹은 움직임은 일종의 "디폴트"다.[13] 사람들에
게 '가만히 앉아서 생각하기'는 일반적인 활동보다 선호되
지 않으며, 집중하기 어려운 상황을 사람들은 불쾌하게 느

낀다. 흥미로운 사실은 이러한 경향이 여성보다 남성에게서 훨씬 두드러지게 발견된다는 것이다.

네덜란드 마스트리흐트대학교의 심리학자 샨탈 네데르코른Chantal Nederkoorn[14]은 사람들이 자발적으로 전기충격을 선택하는 것이 단순히 불쾌한 느낌을 회피하기 위해서만은 아니라고 설명한다. 지루함을 느끼는 사람과 슬픔을 느끼는 사람들을 나누어 실험했을 때, 둘 다 비슷한 정도의 불쾌함을 경험하고 있음에도 지루함 그룹에 있는 사람들만 전기충격을 택했기 때문이다. 슬픔의 경우에는 그런 결과가 나타나지 않았다.

이러한 차이는 지루함의 독특한 특성에서 비롯된다. 지루함과 슬픔은 둘 다 부정적인 감정이지만, 생리적 각성 수준에 차이가 있다. 슬픔은 일관되게 높은 각성 수준을 보이는 반면, 지루함은 유형에 따라 낮은 각성과 높은 각성 두 상태가 모두 가능하다. 낮은 각성의 지루함은, 자극이 너무 적을 때 일어나는 것이므로 겉으로 볼 때 무기력과 매우 비슷해 보인다. 자극이 지나치게 많을 때에도 지루함은 일어날 수 있는데, 생리적 각성의 높고 낮음에 따라 다르게 나타나는 지루함의 두 가지 유형에 대해서는 뒤에서 다시 살펴볼 것이다.

네데르코른의 연구에서 실험적으로 유도된 지루함은 낮은 각성의 지루함이다. 참가자들 중 낮은 각성의 지루함을 느낀 사람들은, 그렇지 않은 사람에 비해 더 많이 스스로 전기충격을 가했다. 즉 슬픔과 달리 지루함 그룹에서만 사람들이 자발적으로 전기충격을 선택한 것은, 감정 그 자체의 영향이라기보다는 지루함의 낮은 각성 때문이다.

이 실험의 참가자들 중 이전에 자해를 한 이력이 있는 사람들의 경우에는 전기충격 버튼을 더 많이 눌렀다. 한편 캐나다 요크대학교의 심리학자 존 이스트우드의 지루함과 도박 행위의 관련성 연구[15]에서도, 지루함이 불러일으키는 불쾌한 느낌을 피하기 위해서라기보다는 낮은 각성을 높이려는 동기로 도박을 하는 것으로 나타났다.

이처럼 자신과 타인에게 해를 가하는 행동은 지루함의 '낮은 각성'과 관련이 있다. 사람들은 적절한 '자극'이 필요한 것이다. 자신의 수준에 맞는 지적 자극이나 적절한 활동, 좋은 사람들과의 교류 등 긍정적인 자극을 구할 수 있는 여건이라면 지루함은 조절될 수 있다. 하지만 열악한 여건, 대안 없는 상황에 오래 처하게 되면 지루함은 파괴적인 자극 추구로 이어질 수 있다.

다시 말해 지루함이라는 경험 그 자체가 문제라기보

다는, 낮은 각성에 어떻게 대처하는가가 관건이다. 지루함
은 누구에게나 불쾌한 경험이지만, 특히나 지루함에 동반
되는 낮은 각성에 대처할 만한 좋은 활동 레퍼토리가 없
는 경우 문제가 된다. 평소 산책이나 운동, 독서나 영화 감
상을 했던 사람들은 지루할 때에도 그런 활동 중 하나를
택할 수 있지만, 이보다 더 강렬한 자극을 주는 해로운 행
동(자해 행위를 비롯한 다양한 중독 행위)으로 대처했던 사
람들은 더 나은 방법을 시도할 새 없이, 또 다시 비슷한 행
위로 각성을 높이려 할 것이다. 강한 자극은 이내 익숙해
지고 시들해져서 다른 새로운 자극을 찾게 되고, 과다 자
극에 노출되는 상태가 반복되면 신경 변형 등 파괴적인 결
과로 이어진다.

　플로리다대학교의 심리학자 에린 웨스트게이트의 설
명16에 따르면 지루함은 종종 많은 부정적인 결과의 원인
이지만, 부정적인 영향은 사람들의 믿음이나 생각에 따라
달라질 수 있다. 또한 지루함이 긍정적인 결과를 낳는지,
부정적인 결과를 낳는지는 상당 부분 환경과 여건에 달려
있다.
　지루함을 불쾌하게 생각할수록 더 많이 지루함을 경

험하는 것은 자기 충족적 예언[17]과 같은 현상일 수 있다. '사람들은 나를 싫어해'라고 자주 생각하는 사람들은 그 생각과 관련된 단서에 주의가 쏠려 있어서 중립적인 표정을 보아도 부정적으로 해석하는 경향이 있기 때문에 어딜 가도 사람들이 자기를 싫어한다는 느낌을 받게 된다. '긴장하면 절대 안 된다'라고 자신을 다그치다 보면 오히려 긴장할까 봐 불안해하며 그 생각에 사로잡히게 된다. 자신의 예상대로 상황을 해석하다 보니 예상했던 일을 실제로 더 많이 경험하게 되는 것, 이런 현상을 자기 충족적 예언이라 한다. 2만 명의 성인을 대상으로 한 메타분석에서 우울한 감정에 대한 부정적인 태도는 우울 장애와 강한 연관성을 보였다.[18] 우울한 감정을 두려워하거나 거부하거나 참기 힘들어하는 정도가 큰 사람일수록 실제로 더 심한 우울증을 경험했다.

일반적으로 감정을 고정적이고 절대적인 것처럼 생각하는 사람보다는 상황에 따라 유연하게 변할 수 있는 것으로 생각하는 사람일수록 부정적인 감정에 더 잘 대처한다.[19] 당장은 불쾌하게 느껴지는 감정이지만 관심을 갖고 들여다보면 질적으로 다른 경험이 된다. 분노의 순간을 잘 들여다보면 그 안에는 두려움과 슬픔, 통제하려는 욕망과

집착이 들어 있다. 각각의 요소들을 세세히 알아차리면 감
정이 움직이고 변하는 것을 실감할 수 있다. 알아차리는
수준이 높아질수록 감정 조절도 잘 되어 그때그때 잘 대
응할 수 있게 된다.

　지루함도 마찬가지다. 지루함은 사회생활과 의미 추
구 활동을 촉진하며,[20] 창의적으로 문제를 생각하고 해결
할 수 있도록 돕는다.[21] 지루함이 나쁘다고 생각하는 사람
일수록 지루할 때 해로운 행동을 할 가능성이 더 높다.[22]
반대로 지루함의 다양한 기능과 유익한 가치를 알고 있다
면 사람들은 여유를 갖고 더 건설적으로 행동할 가능성이
크다.

　왜 그럴까? 앞에서 본 것처럼 사람들은 행동하지 않
는 것보다 행동하는 것을 선호[23]하기 때문이다. 이런 경향
성은 지루할 때 더 커질 수 있다. 지루함은 새로움 추구[24]
와 보상 민감도[25]를 증가시킨다. 이것은 어떤 의미를 가질
까? 긍정적이고 친사회적 행동만 가능한 상황에서 사람들
은 지루함을 느끼면 더 친사회적이 되고, 부정적이고 반사
회적 행동만 가능한 상황에서는 지루할 때 더 반사회적이
된다는 연구[26] 결과들을 주목할 필요가 있다. 타인을 도울
수 있는 환경에 놓인 사람들은 지루함을 느낄 때 더 많이

타인을 돕는 반면, 그럴 수 없는 상황에서는 무력감을 느끼거나, 오히려 더 해로운 행동을 하는 것으로 나타났다. 이처럼 지루함 그 자체로 좋은 행동이나 나쁜 행동이 유발되는 것이 아니다. 지루함은 뭐가 되었든 가능한 행동을 더 활성화하는 결과를 낳는다. 이는 사람들이 기회가 없는 열악한 환경에서 지루함을 경험할 가능성이 더 높을 뿐만 아니라, 달리 대안이 없어 하던 행동을 더 많이 함으로써 악순환이 고착화될 수 있음을 시사한다.

정리하면, 지루함이 부정적인 행동으로 이어질 수는 있지만 필연적인 것은 아니다. 어떤 환경에서 경험하느냐가 큰 차이를 낳는다. 좋은 대안이 많은 환경에서 지루함은 사람들이 더 나은 선택을 하도록 이끄는 데 도움이 된다. 반대로 선택지가 제한된 환경에서는 지루함이 그러한 적응적 기능을 제공하지 못한다. 한편 지루함에 대한 생각과 태도도 중요하다. 내가 왜 지루함을 자주 경험하는지 그 이유와 의미에 대해 이해한다면 지루함에 잘 대처할 수 있다.

° 무엇이 중요한지 알려주는 중요한 정보원

"그는 다만 지루했습니다. 대부분의 사람들처럼 지루했던 겁니
다. 그래서 그는 자기 삶을 복잡하고 비극적인 것으로 완전히
개작해버렸습니다. 뭔가 일어나야만 했죠. 이것이 사람들이 하
는 결단의 대부분을 설명해줍니다. 무슨 일이든 일어나야만 합
니다. 사랑 없이 예속되는 것도, 심지어 전쟁이나 죽음도 불사합
니다. 장례식도 대환영이지요."

—— 알베르 카뮈 27

국어사전에서 '지루하다'를 찾아보면 "시간이 오래 걸리거
나 같은 상태가 오래 계속되어 따분하고 싫증이 나다"28라
고 되어 있다. 지루함 자체에 대한 정의라기보다는, 지루
함을 불러일으킬 만한 상황 묘사에 초점을 맞춘 설명이
다. 지루함을 뜻하는 'boredom'을 영어 사전에서 찾아보
면 "흥미 부족으로 초조하고 안절부절못하는 상태"29라고
정의하는데, 이 역시 지루함의 본질적 요소를 담고 있다기
보다는 지루함을 경험할 때 몸에서 일어나는 반응에 초점
을 맞춘 설명이라고 할 수 있다. 그러면 심리학에서는 '지
루함'을 어떻게 정의하고 있을까?

　인간 행동을 정신 내의 운동과 상호작용에 초점을 두

고 설명하는 정신역동이론에서는 지루함을 정신적 자극에
대한 충족되지 않은 욕구에 기인하는 불쾌한 감정으로 보
았다. 정신분석학자 오토 페니켈[30]은 욕망이나 소망이 존
재하지만 그 대상이나 목표가 억압될 때 병리적 지루함이
습관적으로 일어날 수 있다고 설명한다. 억압되어 있기 때
문에 자신이 무엇을 바라는지 알지 못한 채, 욕망(소망)과
충족되지 않은 만족(대상) 사이의 긴장을 경험할 때 병리
적 지루함이 일어난다는 것이다. 이때 사람들은 무엇을 해
야 할지 알 수 없는, 방향을 상실한 것 같은 느낌을 경험하
게 된다.

오스트리아의 철학자이자 정신의학자였던 빅터 프랭
클은 "의미를 발견하는 것이야말로 삶의 궁극의 목적"[31]이
라고 하였다. 실존주의적 관점을 가진 심리학자와 철학자
들은 사람들이 지루함을 경험하는 주된 이유가, 삶의 의미
를 발견하거나 만들어내지 못했기 때문이라고 설명한다.
삶은 본래 정해진 의미가 없기 때문에 우리 각자가 자신의
삶의 의미를 창조해야 한다고 강조했던 사르트르[32]의 말
처럼, 매순간 우리는 각자가 처한 상황의 의미를 선택할
책임을 갖는다. 하지만 의미와 가치를 창조해야 한다는 요
구가 너무 압도적이고 부담스럽게 느껴지기 때문에 사람

들은 종종 자유와 책임을 회피하며[33] 누군가가 자기 삶을
의미 있게 만들어주기를 기다린다. 따라서 무언가가 일어
나기를 바라지만 아무 일도 일어나지 않으며, 무언가에 열
정적으로 참여하고 싶지만 그게 무엇인지 알지 못하는 상
황의 연속에서 만성 지루함을 느끼게 된다.

한편 각성 수준이 너무 낮으면 무기력해지고 너무 높
으면 불안과 스트레스가 높아지기 때문에 최적의 각성 수
준이 중요하다고 강조하는 각성이론가들은 지루함이 일
종의 미스매치mismatch 현상이라고 설명한다. 개인이 필요
로 하는 각성과 환경이 제공하는 각성 수준이 불일치한
결과로 나타나는 것이 지루함이라는 것[34]이다. 이를테면
독서에 집중하고 싶은데 소음이 너무 클 때 우리는 지루
함을 느낀다.

마지막으로, 인지주의자들은 주의를 집중하기 어려운
상황, 인지 능력이 제대로 발휘되기 어려운 환경에서 경험
되는 것이 지루함이라고 주장한다.[35] 쓰이지 않은 인지적
잠재력으로 인한 불쾌한 감정적 부산물[36]이 지루함이라는
것이다.

이처럼 학파와 관점에 따라 지루함에 대한 여러 가지
정의가 존재해왔는데, 심리학 연구를 위해 통합적인 정의

를 내리려는 첫 번째 시도는 미쿨라스W. L. Mikulas와 보다노
비치S. J. Vodanovich에 의해 이루어졌다.[37] 이들은 지루함을
"자극이 충분하지 않은 상황으로 인한, 상대적으로 낮은
각성과 불만족의 상태"라고 정의하였다. 하지만 이후 많은
연구자들을 통해, 지루함이 낮은 각성 상태에서만이 아니
라 정반대로 각성이 고조된 흥분 상태일 때에도 있음이 밝
혀지면서, 무기력한(낮은 각성) 지루함과 안절부절못하는
(높은 각성) 지루함을 모두 포괄해서 정의해야 할 필요성
이 제기되었다.

　　따라서 오늘날 심리학에서는 이스트우드와 동료들이
공식화한 정의[38]가 가장 널리 쓰인다. '주의'의 관점에서 바
라보는 이들의 설명에 따르면 지루함이란 "만족스러운 활
동에 참여하기를 원하지만 할 수 없는 혐오 상태"를 뜻한
다. 야외로 나가 자전거를 타려다가 친구의 제안으로 썩
내키지 않는 영화를 보러 갈 때처럼 우선순위나 목표가 어
긋날 때 지루해진다는 것이다.

　　현재 하고 있는 활동이 너무 단조롭고 변화가 없을
때, 난이도가 너무 낮거나 너무 높을 때, 비자발적이거나
제약이 많을 때, 혹은 가치를 느끼지 못할 때 지루함은 일
어난다.[39] 따라서 지루함은 현재 하고 있는 활동이 아닌,

다른 활동(목표)을 추구해야 한다는 정서적 단서다. 만족
스러운 활동에 참여할 수 없는 혐오 상태에 도달하면 지
루함은 다른 것을 찾아야 한다는 신호를 보낸다. 특히 자
신이 추구하던 중요한 목표가 어떤 이유로든 차단되거나
가로막힐 때 지루함이 발생할 수 있다.[40] 이런 맥락에서 지
루함은 자신의 목표를 재조정하고 보완해 끊임없이 나아
갈 수 있도록 도와주는 감정이다.

　　웨스트게이트에 따르면, 사람들은 "의미 있는 목표에
부합하는 활동에 주의를 열중하지 못할 때" 지루함을 느
낀다.[41] 여기에는 '의미'와 '주의'라는 두 가지 요소가 들어
있다. 다시 말해 의미가 부족해도, 주의가 부족해도 지루
할 수 있다.

　　해야 하는 일이나 과제가 너무 쉬워도 지루할 수 있지
만, 너무 어려워도 지루할 수 있다. 자극이 너무 적은 과소
자극도, 정반대로 너무 많은 과잉 자극도 인지적 요구와
정신적 자원 사이의 불일치를 일으켜 주의 집중을 유지하
기 어렵게 만든다.[42] 상황에 따라, 사람에 따라 주의 집중
을 잘할 수 있게 하는 최적의 난이도, 혹은 자극의 적정량
이 있다.

　　무의미하고 단조롭게 반복되는 과제를 하는 사람들

은 지루함을 느끼기 쉽다.[43] 하지만 변화가 없는 환경에서 단조로운 일을 하더라도 수익을 기부하는 등, 그 일이 더 유용하고 가치 있는 일로 연결된다고 인식하는 사람들은 지루함을 덜 느끼는 경향이 있다.[44]

따라서 의미 부족으로 지루해지면 활동을 더 가치 있게 만들거나 목표에 부합하도록 조정할 수 있다. 혹은 하던 일을 그만두고 더 의미 있는 활동으로 옮겨갈 수 있다. 주의를 기울이기가 어려워 지루한 것이라면 일의 난이도를 조정하거나 인지 역량을 개선하는 방법을 알아볼 수 있다. 물론 이때에도 하던 일을 그만두고 자신에게 딱 들어맞는 도전적인 활동을 찾아 나설 수도 있다. 이처럼 지루함은 우리에게 무엇이 중요한지 알려주는 중요한 정보원이다. 자신에게 맞는 수준의 도전적인, 의미 있는 활동으로 우리를 안내하고 그렇지 않은 활동에서 멀어지게 한다. 그렇게 함으로써 우리가 최적으로 학습할 수 있는 기회들을 만날 수 있도록 해준다.

뇌의 예측, 그리고 기회비용

"지루함이 없다면 삶은 악몽이 될 것이다."
—— 안드레아스 엘피도루[45]

널리 알려져 있다시피 예측은 뇌가 하는 가장 근본적인 작업이다.[46] 예측하는 뇌는 기본적으로 놀람surprise을 싫어한다.[47] 평평한 길인 줄 알고 발을 디뎠는데 순간 땅이 쑥 꺼진다거나, 아무도 없는 방에 들어가 옷을 벗는데 커튼 뒤에서 누군가가 확 나타나는 상황을 좋아하기란 어렵다. 보고 듣고 냄새를 맡는 등 감각기관을 통해 들어오는 데이터들을 매순간 예측하면서 다가가야 할지 피해야 할지, 혹은 에너지를 어떻게 얼마나 동원해야 할지 판단하고 실행하는 것이 인간의 하루하루다. 놀람이란 예측하지 못한 것, 즉 예측 오류이다. 이를 실시간 파악해서 정정하고 다시 예측하면서 나름의 평형을 찾는 것이 뇌의 일과다. 뇌

를 과도하게 많이 쓴 날에는 피로나 무기력을 불러일으켜
에너지를 아끼려 하고, 덜 써서 여유가 있는 날에는 바깥
세상에 대한 호기심을 느끼며 탐색에 나서게 해 남아도는
에너지를 쓰려 한다.

예측이 한 번에 잘 맞으면 다음 행위로 넘어가지만,
여러 번 어긋나면 실제 현실에 부합하도록 예측한 내용을
계속 정정하고 조율해야만 한다. 이 과정에서 비용이 발생
하고 에너지가 소모된다. 그래서 과학자들은 예측하는 뇌
가 놀람을 꺼린다고 표현한다.

그렇다면 놀람이 최소화된 환경, 모든 것이 예측 가능
한 환경이 뇌의 생존에, 우리의 생존에 가장 유리하다고
말할 수 있을까? 돈을 안 쓰려고 집 안에 틀어박힌 사람처
럼, 예측을 벗어날 만한 상황이 생기지 않도록 모든 감각
이 차단된 깜깜한 방에 들어가 산다면, 에너지를 절약할
수 있으니 뇌에게 좋은 일이라고 할 수 있을까? 나아가 생
존에 유리하다고 할 수 있을까? 뇌의 본질적인 딜레마, 이
른바 "암실 문제dark room problem"[48]다.

만약 그렇다면 외부와 단절되어 변화가 적게 일어나
는 환경, 예를 들어 수용소나 감옥에 갇힌 사람들은 기뻐
해야 한다. 감염으로 본의 아니게 격리되었던 사람들도 좋

아해야 한다. 밖에 나가서 성가신 일을 하지 않아도 되고 변화에 애써 적응하지 않아도 되니까. 사회적으로 타당하게 그런 조건을 마련해주었으니 남아도는 에너지에 대해 깊이 감사하며 즐겨야 한다. 그런데 그런 일은 벌어지지 않는다. (자율성이나 자유에 관한 언급은 논점을 흐리므로 여기서는 건너뛰기로 하자.) 앞에서 우리는 변화 없이 단조로운 환경, 자극이 너무 적어서 뇌가 인식할 것이 별로 없거나 각성이 매우 낮은 상태에 있을 때 사람들은 본능적으로 혐오에 가까운 불쾌감을 느낀다는 사실을 확인했다.

　　많은 학자들은 지루함이 부분적으로는 '깜깜한 방'에 갇히지 않기 위해 진화했다고 주장한다.[49] 오류를 최소화할 수 있는 모델을 실시간 만들어내고 업데이트하면서 우리 몸과 마음을 제대로 안내하기 위해서는 충분한 데이터가 필요하다. 뇌의 입장에서 데이터란 기존의 경험, 학습, 기억을 말한다. 만약 우리가 하루만 살다 가는 존재라면 그렇게까지 많은 모델을 필요로 하지 않을 것이다. 꽤 긴 시간을 살아간다는 것, 과거 경험을 토대로 미래를 예측하면서 발을 내딛을 수밖에 없다는 것이 우리를 학습하게 만든다. 학습이란 기본적으로 새로움, 놀람, 시행착오의 연속이다. 이러한 학습을 회피하고 환경적 복잡성을 피함으로써 예측 오류를 줄이려는 소박한 시도에 브레이크를 거는 것이 지루함이다. 과소 자극과 낮은 각성은 지루함을 유발해 사람들을 움직이게 한다. 더 복잡하고 새로운 자극이 있는 쪽으로 환경을 조절하도록 유도함으로써 "암실 문제"를 미연에 방지한다.[50]

우리 몸이 어떤 환경에 처하더라도 일정한 생리적 균형을 이룰 수 있도록 뇌는 최선을 다해 움직이는데, 이러한 균형이 깨질 때 정동이 일어난다. 정동은 쾌/불쾌(정서가valence), 흥분/가라앉음(각성가arousal)이라는 두 개의 축으로 이루어져 있다. 이것이 우리가 경험하는 감정의 원형이다. 다가갈 것인지 피할 것인지 본능적으로 파악하는 쾌/불쾌, 각성과 긴장이 높은지 혹은 낮은지를 뜻하는 흥분/가라앉음은 모든 감정에 공통적으로 들어 있다. 뇌는 매순간 우리 몸에 무슨 일이 일어나고 있는지 요약하고, 우리는 그 요약을 정동으로 느낀다. 신체예산이 균형을 이루고 있는지 아니면 적자인지 알려주는 바로미터가 정동이다. 정동은 우리 몸이 위협받고 있다는 것을 의식에 알리는 가장 저렴하고 쉬운 방법이며 우리는 감정의 형태로 이를 경험한다. 따라서 감정은 우리 생존에 유리하거나 불리한 현상의 원인, 긍정적이거나 부정적인 영향의 원인을 찾아내어 다시 균형을 회복할 수 있도록 돕는다.

예를 들어 몸 어딘가가 불편하거나 거슬린다면 원인을 찾는다. 그리고 스스로에게 설명한다. '아까 저 사람이 나에게 소리를 질렀는데 내가 대꾸를 제대로 못해서 지금 속이 부글거리네. 내가 화가 났구나'와 같이 우리가 경험하는 감정이란, 생리적 반응인 정동에 대한 해석이다. 넓은 의미에서 감정은 우리 몸에 관한 예측이자 예측 오류라 할 수 있다.

지루함도 마찬가지다. 어떤 활동이 가치 있는지, 유익한지, 내 주의와 에너지를 투자할 만한 것인지 오래 분석할 필요 없이 즉각 느끼게 해준다는 점에서 동기부여 시스템의 하나를 이룬다. 지루함은 기회비용을 줄여준다. 하나를 선택한다는 것은 나머지를 포기한다는 걸 뜻하는데, 지루함이라는 감정적 신호는 더 의미 있고 중요한 것을 선택하게 함으로써 잠재적 이득의 손실을 최소화한다.[51] 많은 이론가들은 지루함의 주요 목적이 이처럼 기회비용을 알리는 것에 있다고 주장한다. 이익보다 비용이 크다는 것을 우리에게 알려줌으로써, 지금의 일이나 활동에서 벗어나 자원을 재할당하도록 동기를 부여한다는 것이다.[52]

지루함은 우리에게 알려준다. 지금 하고 있는 활동이 무의미하거나, 우리가 그 일에 적극적으로 몰두하고 있지 않다고, 혹은 둘 다라고. 이렇게 신호를 보냄으로써 지루함은 우리가 '내가 이걸 왜 하고 있지?'(동기)와 '내가 얼마나 에너지를 쓰고 있지?'(인지 비용)를 따져보는 역동적인 평가자가 된다. 인지 비용이 높더라도 동기 또한 높은 경우에는 그 활동을 계속하도록, 동기도 부족하고 능력과도 맞지 않는 활동이라면 그만두고 더 의미 있거나 더 성공적으로 해낼 수 있는 대안들을 찾아나서도록 해준다.

최적으로 도전적이고 의미 있는 활동을 찾도록 동기를 부여함으로써 지루함은 학습 기회를 극대화한다. 지루함이 학습을 극대화하는 방법 중 대표적인 것이 탐색 촉진이다. 먹이를 찾을 때 동물들은 눈앞의 덤불 속에 있는 열매와 같은 현재 자원을 이용하고자 하는 욕구와, 잠재적으로 더 나은 자원을 찾아 탐험하지 않아서 발생하는 비용 사이에서 균형을 맞춰야 한다. 일단은 덤불을 뒤져 확보한 열매부터 먹겠지만, 덤불 속의 열매가 떨어지면서 기회비용이 점점 높아지면 새로운 곳으로 탐험을 떠나게 될 것이다.[53] 이처럼 지루함은 새로움 추구[54]와 위험을 감수하려는 의지[55]를 증가시켜 탐색 행동을 증가시킨다.[56]

동물에게 탐색을 촉진하고 더 많은 기회를 누리게 하기 위해 지루함이 있다면, 동물들이 느끼는 지루함도 인간과 비슷한 종류의 것일까? 동물을 붙잡아 우리에 가둬두면, 다른 동물과 상호작용하고 새로운 자극을 탐험하는 것과 같은 생물학적 동기에서 비롯되는 자연스런 행동들이 제한된다. 이러한 제한은 동물들에게 치명적인 해를 끼칠 수 있다. 단조로운 환경에서 지루함을 오래 느낀 사람들에게서 나타나는 이상행동과 유사하게, 포획되어 갇힌 동물들은 늘 먹던 것을 먹지 않거나 혹은 지나치게 많이 먹는다. 계속 잠을 자거나 같은 자리에서 마치 죽은 것처럼 움직이지 않는 모습을 보인다. 지루함에 취약한 사람들이 낮은 각성을 끌어올리기 위해 자해를 하는 것처럼, 동물들도 자신의 몸 일부를 물어뜯거나 머리를 쿵쿵 박는 등 자해와 유사한 공격 행동을 보이기도 한다. 이는 다양성을 추구하고 중복이나 단조로움을 줄이면서 생존에 적합한 여건을 찾으려는 동물들의 일반적인 본능에 의한 것이다.[57]

인간의 지루함과 완전히 같을 수는 없겠지만, 자유롭게 찾아 움직이는 활동, 탐색이 가로막혔을 때 동물들이 경험하는 스트레스를 '지루함'이라고 부른다면, 우리가 경험하는 지루함의 생리적 원인과 메커니즘을 이해하는 데 도움이 된다. 이러한 관점으로 볼 때 지루함은 자극이 불충분하여 최적의 각성 상태를 유지하지 못할 때 일어난다.[58]

그렇다면 '각성'은 어떻게 일어나는 것일까? 활기, 혹은 긴장으로 인해 흥분하는 생리 작용을 뜻하는 각성은 뇌 특정 영역이 담당하는 것이 아니라, 서로 연결된 여러 신경 경로와 뉴런 집단에서 일어난다. 뇌줄기라고도 불리는 뇌간에는 각성에 관여하는 시스템 여섯 가지가 서로 연결되어 들어 있다.[59]

① 감각 정보를 처리하고 중추 신경계로 전달하여 운동 및 감각 기능을 조절하는, 망상체의 글루타민성 거대세포핵

② 각성과 렘REM 수면 활성화에 중요한 역할을 하는, 콜린성 뇌교-중뇌 뉴런

③ 동기를 일으키고 그 동기를 추구하는 행동과 관련이 있는, 중변연계 도파민 경로

④ 각성과 보상 지향적 행동을 증가시키고 시간 인식에 관여하는, 흑질선조체 도파민 신경계

⑤ 깨어 있는 동안 쉴 때 가장 활성화되는, 세로토
  닌성 솔기핵

⑥ 스트레스나 패닉 상태에서 가장 활동적인, 노르
  아드레날린성 청반

이 각성 시스템들의 활동은 시상하부, 시상, 그리고
전뇌기저부를 포함하는 중뇌 구조의 기타 각성 시스템을
통해 피질 및 몸 전체의 영향을 받는다. 이러한 시스템의
대부분은 포유류, 조류, 파충류 등의 척추동물들에게 공
통적으로 발견된다. 따라서 많은 척추동물들이 지루함과
비슷한 상태를 만들어내는 신경학적 장치를 가지고 있다
고 볼 수 있다.[60]

지루함은 일반적으로 자극이 부족할 때 발생하지만,
여러 각성 시스템의 활성화 수준 사이의 불일치로 인해 일
어날 수도 있다. 예를 들어, 낯선 곳으로 여행을 떠나 처음
가보는 도시를 걸으며 새로운 경험을 즐기는 것은 중변연
계 도파민 경로를 활성화시킨다. 도파민 시스템의 활성화
는 우리가 새로운 자극에 더 관심을 갖도록 동기를 부여
한다. 그런데 난데없는 폭설을 만나 호텔 밖으로 5일간 나
가지 못하게 되었다고 하자. 좁은 방에 갇혀 매일 TV로 기

상정보를 확인하면서 컵라면만 먹고 있다. 시각, 청각, 미
각 등의 감각 기관에서 들어오는 정보에 새로움이 없기 때
문에, 감각 정보에 의지하는 각성 시스템은 활성화 수준이
낮아진다. 이는 앞의 여섯 가지 시스템 중, 자극에 대한 동
기가 높아서 중변연계 도파민 경로인 3번은 매우 활성화
되었지만 감각 정보에 의지하는 1번 시스템은 상대적으로
비활성화되어 각성 동기와 실제 각성 상태의 불일치로 지
루함을 느끼는 경우에 해당한다.

　　한편 쌍둥이와 형제자매의 유전자 분석 연구들에 따
르면 지루함과 직접적으로 관련이 있는 새로움 추구와 감
각 추구, 위험 감수 성향은 높은 유전성을 보인다.[61] 인간
의 지루함 성향 역시 유전적 영향을 많이 받을 것이라 짐
작되지만[62] 아직 이를 입증할 만한 충분한 연구가 쌓였다
고 보기는 어렵다.

욕망에 대한 욕망

"지루함은 욕망에 대한 욕망"
— 레프 톨스토이[63]

지루함은 무언가에 참여하고 싶지만 그 순간에 몰입할 어떤 것도 찾을 수 없는 상태와 관련된 혐오스러운 감정이다. 지루할 때 우리는 안절부절못하고 동요하며 가만히 있지 못한다. 어떻게든 불쾌감을 없애려 하면서 불만족을 느낀다.[64]

이런 긴장이나 불만족 없이 자신의 주변 환경에서 이탈해 거리를 두고 있다면, 그건 지루함이 아니라 무관심이나 냉담에 더 가깝다.[65] 지루함과 무관심은 둘 다 불쾌하게 느껴지는 감정이며, 현재 경험에 대한 흥미나 관심이 부족한 상태를 반영한다는 공통점을 갖는다. 하지만 둘은 분명히 구별되는 인지-정서적 경험이다.[66] 무관심과 달리,

지루함은 우리가 더 매력적인 일을 찾도록 자극하는 역할
을 한다.[67]

또한 지루함은 우울과도 높은 관련성이 있는데,[68] 핵
심 특징에 차이가 있다. 우울한 사람들은 즐거움을 경험하
는 데 어려움을 겪는[69] 반면, 지루한 사람은 즐거운 일이나
적극적으로 참여할 수 있는 것을 찾고자 하는 열망으로
가득하다. 무관심이나 우울과 달리 지루함은 세상과 관계
를 맺고자 하는 욕망이며 그 대상을 명확하게 찾지 못함
에 대한 불만이다. 톨스토이의 표현처럼 "욕망에 대한 욕
망"이다. 지루할 때 우리는 현재의 환경에서 하고 싶은 일
을 찾을 수 없지만, 무언가를 간절히 원한다. 그게 무엇인
지는 모를 수 있지만, 무언가를 원한다는 것은 매우 선명
하게 자각하는 상태이다.

지루함에 대한 이러한 설명은 목표 추구와 밀접하게
연결되어 있다. 애초에 어떤 목표 추구에 참여하려는 욕망
이 없다면 지루함은 일어나지 않을 것이다. 지루한 사람들
은 몰입하고 싶어 하지만, 그런 욕망을 충족시킬 적절한
활동이나 좋은 방법을 찾지 못한다. 원하는 것은 있으나
번번이 어긋나거나 가능한 방식으로 실행하지 못한다는
점에서 일종의 자기조절 실패를 나타낸다고 볼 수 있다.

살면서 별로 지루함을 느낀 적이 없다고 말하는 사람들도 많이 있는데, 이는 사실상 그들이 지루함 신호에 적절하게 대처하고 있다는 것을 의미한다. 그들은 자신에게 무엇이 필요한지 구체적으로 알고 있어서 적응적 활동을 제때 선택하고 실행한다. 목표에 따른 자기조절이 적절하게 이루어지고 있는 것이다.

이처럼 지루함은 만족스러운 무언가에 참여하려는 동기로 특징지을 수 있다. 그렇다면 참여하려는 동기가 높음에도 참여하지 못한다면 그 이유는 무엇일까? 이에는 상황적 요인과 개인적 요인이 있는데, 개인적 요인에는 인지적 요인, 자기 조절적 요인, 정서적 요인, 생리적 요인 등이 포함된다.

지난 몇 년간 팬데믹으로 인한 거리두기를 경험하면서 우리는, 변화 없는 단조로운 환경과 선택에 제한이 많은 환경에서 극도로 지루함이 높아질 수 있다는 사실을 몸소 체험했다. 실제로 단조로움과 제한이라는 두 가지 요소는 지루함을 불러일으키는 대표적인 상황 요인으로 꼽힌다.[70] 지나치게 단조롭거나 피할 수 없는 일들은 우리를 지루하게 만든다.

하지만 이러한 상황적 요인이 지루함의 직접적 원인일까? 많은 심리학자들은 아니라고 주장한다. 단조롭고 제약이 많다고 해서 누구나 지루함을 느끼는 것은 아니며, 이 두 가지 조건만으로는 지루함이 왜 일어나는지 설명하기에 충분치 않다. 똑같이 단조롭고 기계적인 환경에서 일하더라도 사람마다 느끼는 지루함의 정도는 천차만별[71]이며 지루함으로 인해 촉발되는 행동 역시 다양하다.

그렇다면 지루함의 직접적 원인은 무엇일까? 심리학자 이스트우드는 지루함 성향이 강한 사람들의 특성 지루함trait boredom[72]을 오랫동안 분석해왔다. 특성 지루함이란 성격적 특성처럼 고착화되어 자주 지루함을 느끼는 성향을 말한다. 지루함과 관련된 개인의 특성적 요소에 초점을 맞추어 연구하는 학자들은 '특성 지루함'이라는 용어를 쓰고, 증상이나 현상에 초점을 맞춰 설명하는 학자들은 '만성 지루함'이라는 표현을 쓰는데 둘의 의미는 사실상 같다.

이스트우드의 설명에 따르면, 지루함을 특히 자주 경험하는 사람들은 지루함을 유발하는 다섯 가지 심리 요인 중 하나 이상을 갖고 있다. 여기에는 인지적 요인, 동기적 요인, 자기 조절적 요인, 정서적 요인, 생리적 요인이 포함된다. 인지 기능에 문제가 있어서, 동기가 부족하거나 자기조절이 잘 안 되어서, 감정적 어려움이 있거나 몸에 이상이 있어서 지루함을 느낄 수 있고, 이 요인들은 서로 상호작용하며 연결되어 있기에 단독으로 작용하지는 않는다.

심리학자들은 무엇보다 인지적 요인에 지대한 관심을 갖고 있다. 만성적으로 지루함을 느끼는 사람들의 인지 기능에 어떤 문제가 있는지 살펴본 연구들은 세 가지 요소를 지목했다. 주의력 문제, 집행 기능의 문제, 그리고 과잉활동성이 그것이다.[73]

만성적으로 지루함을 느끼는 사람들은 주의력 결핍으로 인해 잦은 오류를 일으키는데, 오류를 알아차리고도 행동을 바로 조정하는 데 어려움을 겪는 것으로 나타났다.[74] 반면 지루함에 대처하는 능력이 높은 사람들은 과제를 수행할 때 주의력을 더 오래 지속할 수 있었다.[75]

지루해서 집중하기 어려운 걸까, 아니면 주의 집중이 잘 안 되어 지루함을 느끼게 되는 걸까? 많은 연구들은 후자를 지지한다.[76] 지루함 성향이 주의력 문제의 결과로 나타난다는 것이다. 다시 말해 '주의력'에 문제가 생길 경우 지루함을 더 자주, 더 강하게 느끼거나 더 불쾌하게 느낄 수 있다.

주의력 문제가 지루함의 원인이 될 수 있음을 실험을 통해 살펴본 한 연구[77]의 결과는 의미심장한 사실을 말해 준다. 연구자들은 참가자들을 세 그룹으로 나누어 같은 과제를 수행하도록 했다. 다른 것은 다 똑같았고 다만 소음의 정도 차만 있었다. 그룹 1의 사람들은 매우 시끄러운 소음을 들으며 과제를 해야 했고, 그룹 2는 사람들이 알 아차리기 어려울 정도로 낮은 소음 환경, 그룹 3은 소음이 전혀 없는 환경으로 설정했다.

상식적으로 소음이 큰 환경일수록 과제에 집중하기가 어렵다. 따라서 똑같은 과제를 하더라도 체감하는 난이도는 그룹 3, 2, 1 순서로 높아진다. 이 실험에서도 마찬가지였다. 하지만 그로 인한 불쾌감, 지루함에 대한 인식은 차이가 있었다. 과제에 집중하기 어려운 이유라고 생각하지 못할 정도로 소음 수준이 매우 낮았던 2그룹의 사람들이 1그룹보다 지루함을 더 많이 호소하는 것으로 나타났다. 연구자들은, 시끄러운 소음이 있는 환경에서는 과제에 집중하기 어려운 원인을 소음 탓으로 돌리게 되지만, 소음이 있으나 그 정도가 매우 낮은 환경에서는 주의를 더 기울여야 하는, 감정적으로 불쾌한 상황을 과제 탓으로 돌리기 때문에 과제를 더 지루하게 느낄 수 있다고 설명한다. 인지적 노력의 원인을 어디에 두는가, 이른바 귀인의 문제가 지루함 경험에도 영향을 끼친다는 것이다.

자신이 쓸 수 있는 주의력 수준과 과제를 하는 데 필요한 주의력 수준이 잘 맞아떨어지지 않으면 우리는 지루함을 경험한다. 하지만 여기에는 많은 변수가 작용한다. 위 연구 결과가 보여주듯 주의 집중이 어렵거나 목표에 따라 행동하는 것에 어려움이 있을 때, 외부 요인이 있으면 외부 요인 탓을 하지만, 그렇지 않은 상황에서 사람들은 과제에 대한 지루함을 더 강하게 느낀다. 인지제어 비용이 올라가는 원인을 무엇으로 인식하느냐에 따라 다른 감정, 다른 경험이 일어나기도 하는 것이다.

지루함의 두 번째 인지적 원인, '집행 기능의 문제'는 목표 지향적 행동을 하는 것의 어려움을 의미한다. 집행 기능에는 일을 계획하고 시작해 목표대로 잘 수행하면서 끝까지 마무리하는 여러 가지 역량이 포함된다. 그런데 만성 지루함을 겪는 사람들은 특히 행동을 개시하는 것, 즉 '시작'에 어려움을 겪는다. 생각이 많아서 하고자 하는 바가 있어도 여러 가지 이유로 미루거나 주저하는 것은 '평가 모드'와 관련이 있다.

어떤 사람은 원하는 것이 있으면 주저 없이 실행에 옮

기는 반면, 어떤 사람은 생각하느라 결정도 실행도 오래
걸린다. 심리학에서는 이를 행동 모드와 평가 모드라는 자
기조절의 다른 방식으로 설명한다.[78] 행동 모드는 말 그대
로, 행동 지향적인 것이다. 운동을 해야겠다는 생각이 들
었을 때 근처 피트니스 센터에 일단 들어가서 문의하는 사
람은 행동 모드가 활성화된 경우다. 반면 운동할 수 있는
방법을 알아보고, 장소들을 검색해 하나하나 분석적으로
살펴본 후 결정한다면 평가 모드가 활성화된 경우이다.

물론 우리는 이 둘을 적절히 쓰는 것에 익숙하다. 행
동 모드만 있다면 실행은 빠르지만 실수가 많으며 시행착
오를 계속 반복할 가능성이 높다. 반면 평가 모드만 쓴다
면 생각만 많고 어느 것도 실행에 옮기지 못하게 된다. 대
부분 두 모드 사이를 왔다 갔다 하며 균형 있게 쓴다.

개인적 성향에 따라서 평가 모드만 지나치게 많이 쓰
는 사람이 있다. 생각이 너무 많아서 막상 행동으로 옮기
는 데 시간이 오래 걸리거나 때를 놓쳐버리는 사람들, 할
것은 많은데 무엇부터 해야 할지 몰라서 생각만 하다가 지
쳐버리는 사람들. 이들은 다음과 같은 이유들 때문에 지루
함을 더 많이 경험할 가능성이 높다.

첫째, 어느 것에 전념해야 할지 선택하기 위해 끊임없

이 평가하며 생각을 거듭하다 보니, 제때 착수하지 못해 일종의 '실행 실패'를 낳는다. 둘째, 어느 것이 우선이고 어떤 것이 중요한지 구별해서 보지 못하고 전부 비슷하게 중요하거나 해야 하는 것으로 여겨, 모든 옵션을 비슷한 것으로 인식한다. 많은 옵션에 압도되어 선택하지 못한다. 셋째, 몰두하거나 전념하려면 하나를 선택해야 하는데 이는 필연적으로 기회비용을 낳는다. 다시 말해 포기해야 선택할 수 있는데, 평가 모드에 치우쳐 있는 사람들은 하나를 선택했을 때 실패하면 어쩌나 하는 두려움이 지나치게 커 선택하는 데 어려움을 겪는다.

　　평가 모드가 발달한 사람들을 손해 보지 않으려고 저울질만 하는 사람으로 오인해서는 안 된다. 이들은, 자기 선택으로 인한 가치나 효용을 극대화하려는 극대화자와는 다르다. 스워스모어칼리지의 심리학자 배리 슈워츠는 최대치의 만족을 추구하면서 자신의 결정이 늘 최고로 좋아야 한다는 믿음을 가진 사람을 극대화자maximizer라고 불렀다. 이와 반대되는 개념으로 만족자satisficer가 있는데, 최소한의 필요조건을 추구하기 때문에 선택 결과에 대체로 흡족해하는 사람을 말한다. 극대화자들은 만족자에 비해 선택과 결정에 더 많은 시간과 노력을 할애하며, 최고

의 결정을 내리기 위해 오래 생각하면서도 이러한 노력을
낭비로 인식하기 때문에, 그 결과가 좋지 않았을 때 만족
자에 비해 더 심하게 후회하는 경향이 있다. 이와 달리 평
가 모드를 주로 쓰는 사람들은 가치나 효용을 극대화하
려고 오래 생각하는 것이 아니라, 옳은 일을 하고 잘못된
일을 피하려는 것이 주된 동기이다. 이익을 계산하느라 주
저하는 것이 아니라, 잘못된 선택을 하지 않아야 한다는
생각이 지나치게 커서 행동을 개시하기 어려운 것이다.

　　지루함의 세 번째 인지적 원인, '과잉활동성'은 끊임없
이 움직이는 경향을 말한다. 가만히 있지 못하고 손발을
떨거나 만지작거리거나 쉴 새 없이 말을 하는 것, 한 가지
행동을 지속하지 못하고 자꾸 바꾸며 뭔가를 끊임없이 하
는 것은 과도한 활동성을 보여주는데, 이는 높은 각성으
로 인한 지루함과 관련이 있다. 무기력하고 무감각하다가
도 이내 과도하게 활동적인 상태가 되는 것은,[79] 마비에서
벗어나기 위해 인지적 역량을 끌어올리려는 시도로 보인
다. 하지만 지루함을 피하기 위해 의식적으로, 혹은 의식
하지 못하는 사이에 하는 과잉행동들은 역설적으로 지루
함을 더 자주 느끼게 할 수 있다.

우리는 지금까지 지루함과 관련된 다양한 현상들과 이를 설명하는 이론적 관점들을 들여다보았다. '억압'에 많은 의미를 부여하는 정신역동이론가들은 애초의 욕망이나 소망이 무의식적으로 억압되어 있기 때문에 일어나는 긴장을 병리적 지루함이라 설명한다. 삶의 '의미'를 강조하는 실존주의 학자들이 보기에는, 삶을 스스로 책임지고 각자의 의미를 직접 발견하는 것이 매우 부담스러운 과제이기 때문에 이를 계속 미루면서 누군가가 자기 삶을 의미 있게 만들어주기를 기다리는 수동성 때문에 만성 지루함이 일어난다.

하지만 의미가 가득하다고 해서 지루함이 사라지는 것은 아니다. 의미 있는 일이지만, 난이도가 너무 높거나 낮아도 지루함은 온다. 인지주의자들은 우리가 가진 '인지 능력'을 충분히 쓰지 못할 때 느껴지는 불쾌한 신호가 지루함이라고 설명한다. 한편 지루함 그 자체보다 지루함의 낮은 '각성 상태'에 주목하는 각성이론가들은 각성 수준이 너무 낮으면 무기력을, 너무 높으면 불안을 경험하게 되기 때문에, 적정 수준의 자극이 주어지는 상황에 있어야 지루함의 문제를 겪지 않는다고 말한다.

이들의 주장을 모두 합하면 지루함을 완벽하게 설명

할 수 있을까? 적정 수준의 자극이 끊임없이 제공되고 인지 능력을 충분히 쓸 수 있는 상황에서, 자신이 무엇을 원하는지 분명하게 알고 있고 삶의 의미와 가치를 명확히 세운 사람은 더 이상 지루함을 느끼지 않을까? 이론적으로는 가능하다. 하지만 경험적으로는 별로 와닿지 않는다. 현실적으로 그러한 상황을 만들기 쉽지 않을뿐더러, 삶의 의미는커녕 내가 진정으로 원하는 바가 무엇인지 매순간 파악하기조차 쉽지 않기 때문이다.

실마리를 찾기 위해서는 아무래도 지루함을 더 깊게 들여다봐야 할 것 같다. 2장 지루함의 깊이로 풍덩 빠져보자.

지루함의 깊이

◦ 의미와 흥미, 일상과 사건들

"의미와 흥미는 대부분 중복과 다양성 사이의 중간 범위에서 발견된다. 이러한 극단을 각각 진부함과 소음이라고 부른다. 진부함이나 소음 중 어느 한쪽이 증가하면 결과적으로 지루함, 의미 상실로 이어진다. 우리는 이것이 잠재력 손실이라 본다."

—— 오린 클랩1

PC와 인터넷이 보급되기 훨씬 전 1986년에《과부하와 지루함Overload and Boredom: Essays on the Quality of Life in the Information Society》이라는 책을 통해 현대 사회의 정보 범람을 경계했던 사회학자 오린 클랩은, 진부함과 소음이 결국 의미와 흥미를 해치고 있다고 주장했다. 지루함의 사회문화적 원인에 관심이 많았던 그는 정보화 사회가 진보적이기보다는 엔트로피적entropic 특성을 가지고 있으며, 그로 인해 삶의 질이 오히려 저하될 거라고 예상했다.

클랩의 개념 정리는 지루함의 현상에서 공통적으로 발견되는 '의미 없음'과 '흥미 없음'을 구별해서 이해하게 해준다. 우리의 경험을 가만히 생각해보면, '의미'란 어떤 것이 중복되고 반복되어 패턴이 드러나면서 만들어진다. 짧은 시간 내에 찾기 어려우며 일단 발견되면 에너지나 활동이 그 지점으로 수렴하는 특징을 갖는다. 반면 '흥미'는 길게도 짧게도 느낄 수 있고 일시적일 수도 있다. 또한 흥미는 활동을 확장하고 발산시키는 힘이 있다. 그의 설명을 시각적으로 표현해보면 다음과 같다. 양끝이 각각 반복과 차이를 향하는 축 위에서 의미는 '반복'에, 흥미는 '차이'에 좀 더 가깝게 위치한다. 물론 전적으로 그렇지는 않으며 의미와 흥미 모두에 반복과 차이의 요소가 들어 있다.

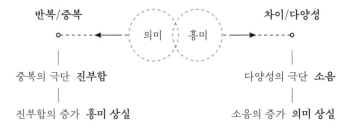

다양성이나 차이는 흥미를 불러일으킨다. 처음 보는 것, 새로 접하는 정보는 우리의 시선을 붙든다. 하지만 새로운 것이 지나치게 많으면 소음이 된다. 동영상을 열 개쯤 동시에 켜 놓은 것처럼 불편해질 뿐이다. 소음이 증가하면

패턴을 파악할 수 없어 의미를 잃게 된다. 광고로 넘쳐나는 소셜미디어는 점점 더 무의미한 느낌을 불러일으키게 된다.

한편 중복, 반복은 의미를 만드는 데 필수적이다. 관계가 없어 보이던 것들 사이에서 관계가 형성되고 연결이 없던 곳에 연결이 생겨나면서 의미는 만들어진다. 그런데 이 역시 지나치면 문제가 된다. 중복이 너무 많으면 진부함이 된다. 아주 멋진 말을 매일 되풀이해서 똑같이 말하는 사람을 생각해보라. 진부함이 증가한다고 해서 의미가 당장 사라지는 것은 아니지만, 분명 흥미는 떨어진다. 흥미를 불러일으키는 요소인 다양성, 차이가 극단으로 가면 소음이 되어 의미 상실로 이어지고, 의미를 만드는 요소인 중복, 반복이 극단으로 가면 진부함이 되어 흥미 상실로 이어진다는 분석은, 현대 사회의 정보 과부하가 어떻게 지루함을 증폭시킬 수 있는지 보다 명료하게 보여준다.

그렇다면 컴퓨터도 인터넷도 등장하기 오래 전 옛날에는 지루함이 없었을까? 그렇지는 않다. 고대 그리스나 로마에도 지루함을 뜻하는 단어가 있었고, 뒤에서 살펴보겠지만 중세 시대에도 지루함은 매우 중요한 개념이었다.

다만 시대에 따라 조금씩 경험되는 맥락과 의미가 달랐다.

1900년대 초, 도시 문명의 발달을 지켜보며 독자적인 비평의 세계를 구축했던 발터 벤야민, 게오르크 지멜, 지그프리트 크라카우어 등의 사회학자들은 근대화, 산업화로 공동체가 붕괴되고 개인주의가 발달하면서 만연해진 정서가 지루함이기에, 우리가 오늘날 말하는 지루함은 근대 이후에 보편화되었다고 주장한다.[2] 이들의 예언대로, 시간을 아껴주고 삶을 편리하게 해줄 듯이 발달해온 첨단 기술 문명은 역설적으로 시간을 부족하게 만들어버렸다. 도시에는 늘 시간이 부족하다. 너무 빨리 변하는 자극들 때문에 안정적인 일상이 유지되기 어렵다. 새로운 사람을 만나든, 새로운 일을 겪든 차분히 생각할 시간이 없고 어떻게 대처해야 할지 즉각 판단해야만 한다. 너무 많은 사건들이 동시에 벌어지다 보니 도시인들은 서로에게 무관심하다. 지멜은 이처럼 심드렁한 태도blasé attitude로 인해 도시에서는 어떤 대상도 특별한 호감이나 관심을 받지 못하게 되었다고 표현했다.[3]

지루함과 피로는 자극이 너무 적거나 혹은 많을 때 일어난다. 두 가지는 어떤 차이가 있을까? 텔아비브대학교의 철학자 에란 도르프만Eran Dorfman은 '일상everyday'과 '사건들events'을 대비해 설명을 시도한다. 우리의 하루하루, 반복되는 일상은 새로운 사건들을 통합하고 처리하는 장소이자 메커니즘이다. 일상에 사건(자극)들이 너무 적다고 인식할 때 사람들은 지루함을 느끼고, 매일매일 사건들로 넘쳐나는 일상에서는 피로하다 느낀다. 도르프만은 여기서 한발 더 나아가 '너무 적은 자극'과 '너무 많은 자극' 사이를 끊임없이 왔다 갔다 하는 '지루함-피로'라는 새로운 개념을 제안한다. 대다수의 현대인이 놓여 있는 이 복잡한 상태를 이해하기 위해 도르프만이 분석한 내용4을 한번 살펴보자.

아침에 일어나 세수하고 양치하고 익숙한 동작으로 움직이며 하루를 시작하는 것은 '일상'이다. 습관처럼 매일 반복되어 별다른 생각이나 인식 없이 할 수 있는 활동들이 일상의 대부분을 차지한다. 반면 '사건'이란 반복을 초월하는 것으로, 이전에 일어나지 않았던 새로운 것이다. 물론 어떤 사건도 완전히 새롭지는 않다. 사건에는 필연적으로 일상의 언어나 몸짓, 공간과 같은 일상 요소들이 들어있기 마련이다. 따라서 사건들마다 새로움의 정도는 모두 다르며, 일상에서 멀리 떨어져 있는 사건일수록 특별하게 인식되고 더 많이 기억된다.

　일상의 주요 기능 중 하나는 우리에게 벌어진 새로운 사건을 이해하여 그에 맞는 적절한 반응을 찾도록 하는 것이다. 예를 들어 새로운 사람을 만나 알아가면서, 비슷한 사람을 만났던 과거 기억을 떠올리는 등 내 경험이나 지식, 정보들을 취합해 어떻게 대해야 할지 결정하는 과정들을 거치게 된다. 나를 긴장시키거나 위협적인 느낌을 주는 사람일수록 적절한 반응을 찾는 데에 더 많은 시간이 필요하다. 그 사람과의 만남이라는 사건을 의미 있게 여긴다면 점차 기존의 일상에 통합시켜 나갈 것이고, 그렇지 않다면 일상에서 동떨어진 채로 멀어질 것이다.

　낯선 경험, 뜻밖의 사건들을 이해하고 그 의미를 파악하고 소화하고 통합시키는 것이 바로 일상이 갖는 매우 중요한 역할이다. 일상은 사건들을 통해 새로워지고, 사건들은 일상이라는 시공간에 자리 잡으면서 익숙한 것과 낯선 것, 오래된 것과 새로운 것이 연결된다. 그러므로 일상의 움직임을 피상적으로 보면 이미 아는 것과 했던 것들의 되풀이에 불과하지만, 실상을 보면 매순간 벌어지는 사건들을 확인하고 극복해나가는 매우 역동적인 프로세스다.

　일상이 없다면 사건도 없다. 물론 그 반대도 마찬가지

다. 일상을 의미 있게 만드는 것은 사건들이고, 그 과정에
서 꼭 필요한 것이 시간이다.

　새로운 사람을 만난다는 조금 전의 예시를 떠올려보
자. 일상이 비교적 안정되어 있고 그 사람을 어떻게 대해야
할지 생각할 시간이 있으며, 몇 번 더 만나는 기회가 생겼
을 때 그 사람의 존재는 내 일상으로 통합될 수 있다. 하지
만 내 일상이 매우 불안정하고 어수선한 상황이라면 어떨
까? 회사는 구조조정을 하고 있어서 언제까지 다닐 수 있
을지 알 수 없고 이후에 무엇을 해야 할지 막막한데, 시간
이 날 때마다 병원에 입원 중인 부모님께 가봐야 하는 상
황이라면 새로운 사람이 내 일상으로 통합될 수 있을까?

　사건들이 많이 일어날수록 일상과 사건은 분리된다.
사건 하나하나의 의미를 되새기기 어렵고 통합할 시간을
갖지 못한 채 사건들은 일상 밖에서 떠돈다. 많은 사람들
을 한꺼번에 만나거나, 너무 많은 일들을 한꺼번에 겪은
사람의 심리 상태를 떠올려보면 짐작하기 쉬울 것이다. 새
로운 것도, 기존의 것과 함께 있을 때 새롭다는 의미를 갖
는다. 일상에 통합할 시간이나 동기가 없다면 새로운 것은
소음처럼 무의미하고 불편한 자극이 될 뿐이다.

　너무 많은 가능성들이 있어서 어떤 것 하나도 일상으

로 제대로 통합되지 못하는 상태, 넘쳐나는 자극에 빨리 대처해야 하기에 계속 가속화되지만, 그중 어떤 것도 제대로 소화되지 못해 통합은 느려지고 지연되는 상태, 많은 일이 일어나지만 실상 아무것도 일어나지는 않은 상태. 피로함과 지루함이 동전의 양면처럼 함께 있으면서 서로를 키워가는 현상이 바로 도르프만이 말한 지루함-피로다.

지루함-피로는 정신 건강의 측면에서 보자면 단순 지루함보다 더 위험한 상태라고 볼 수 있다. 왜 그럴까? 그 차이에 대해 도르프만은 보바리 부인을 예로 들어 설명한다. 귀스타브 플로베르의 소설《보바리 부인》은 보바리즘 Bovarysme이라는 용어를 탄생시킬 정도로 커다란 사회문화적 파장을 낳았던 작품이다. 이 작품은 '낭만주의'를 빼놓고 논할 수 없는데, 키르케고르나 스벤젠 같은 철학자들은 낭만주의 또는 탐미적 경향이 만성 지루함의 직접적 원인이라고 보기도 한다.[5]

엠마 보바리는 지루하다. 남편에게도 지루함을 느끼고 시골에서의 단조로운 삶도 지루하게 느낀다. 현실에서 자신의 열망을 추구하고 해소할 길이 없어 모험과 낭만으로 가득한 로맨스 소설에 빠져 지낸다. 엠마가 자신의 일상을 숨 막히는 감옥처럼 여기는 것은 단조로움 그 자체

때문이 아니다. 더 나은 '바깥'이 있다고 믿기 때문이다.

엠마에게 그것은 다른 남자를 만나는 사건이다. 엠마는 잘생긴 남자와의 멋진 연애를 통해서만 지긋지긋한 일상을 벗어날 수 있다고 생각한다. 하지만 환상은 잠시, 외도를 시작하고 얼마 되지 않아 불만족에 빠지고 다시 지루함으로 돌아온다. 정상적인 일상을 살아보려고 노력하지만 지루함 때문에 다시 판타지를 투영할 새로운 연인을 찾아 나선다.

자극이 적고 의미가 없으면 의미를 추구해야 하는데 그것이 단기간에 가능하지 않기 때문에 사람들은 대체로 자극을 먼저 추구한다. 그래서 단순 지루함은 지루함-피로로 전개될 가능성이 높다. 우리 뇌는 새로운 것에서 곧 패턴을 파악하고 반복되는 자극에는 점차 무뎌진다. 그래서 계속 새로운 것을 추구하지만 또 금방 익숙해진다.[6] 무엇을 하든 처음의 호기심이나 즐거움, 쾌감은 지속되기 어렵다. 생존을 위한 적응 기제 때문에 만족감을 지속적으로 느끼지 못하는 것이다.

안타깝게도 엠마는 신경과학서가 아니라 로맨스 소설만 읽었기 때문에 그러한 뇌의 사정에 대해 알지 못한다. 궁극의 행복감을 가져다 줄 연인을 찾아다니며 실망하고

찾고 실망하기를 반복할 뿐이다. 엠마에게는 현실(일상)
과 판타지(사건들)가 명확히 분리되어 있다. 어디에도 속
하지 못하는 엠마는 서서히 지쳐가고 일탈 행동으로 쌓인
빚 독촉에 시달려 마침내 자살하기에 이른다. 도르프만의
예리한 지적에 따르면, 엠마는 지루함 때문에 죽은 것이
아니다. 지루함-피로가 그녀를 죽게 했다.

단순 지루함의 상태에서는 '무언가'를 지루하게 느낀
다. 지루하게 느끼는 대상이 따로 있다. 하지만 피로와 결
합되는 지루함-피로 상태가 되면, 지루함은 더 이상 다른
대상을 향하지 않는다. 새로운 대상을 만나거나 변화를
꾀한다고 해서 달라지지 않을 거라는 낙담, 지루함에서 벗
어나려고 버둥대던 삶에 대한 피로, 무엇으로도 자신을 구
제할 수 없을 것 같은 절망감이 섞여 있는, 자기 자신에 대
한 지루함이기 때문이다. 그래서 더 위험하고 만성적인 성
격을 띠게 된다. 지루함-피로는 사건에 완전히 함몰되어
있지만 사건들이 일상에 전혀 연결되지 않을 때 비롯된다.
과도한 자극이나 사건 들에 압도되어 피로할 지경이지만
아무런 의미를 찾지 못해 계속 불만족스럽다. 이미 사건들
에 파묻혀 있기 때문에 무언가 새로운 것이 오기를 기다리
지 않고 자신을 구원할 무언가가 있다고 기대하지도 않는

다. 탈출이 불가능하다 여기며, 거대한 공허감으로 가득하
다. 일상은 마비되었고, 계속 반복되고 되풀이되는 건 사
건들뿐이다. 지루함에 지쳐 새로운 자극을 추구하는 사람
들은 결국 더 자주 반복되는 지루함을 만나게 된다. 새로
운 것, 다른 것을 찾아다니다가 결국 사건들로 인한 피로
에 둘러싸인 자신을 발견한다.

　일상과 사건들이 분리되고 일상이 더 이상 통합의 기
능을 다하지 못하면서 삶의 위기는 시작된다. 도르프만이
보기에 현대의 위기는 일상의 위기다. 그렇다면 그는 어떤
해결책을 제시하고 있을까? 사건들에서 비롯된 다양한 충
격들이 휘발하지 않도록 일상이 담아낼 수 있어야 한다.
그러려면 무엇보다 시간과 지혜가 필요하다. 자신의 일상
에 어떤 요소들이 들어 있는지 면밀하게 검토하지 않으면
일상과 사건들의 연결은 불가능하다.

　수동적이고 파편화된 즉각적 반응이 아닌, 시간과 함
께 누적되고 통합된 지혜로서의 경험, 벤야민이 말한 "긴
경험Erfahrung"[7]이 절실히 필요하다고 그는 강조한다.[8] 긴
경험이란 개인적으로 깊이 있는 경험, 시간이 지날수록 특
별한 의미를 남기는 경험을 뜻한다. 예를 들어 어린 시절

친구와 함께 골목길을 누비며 놀던 경험, 가족들과 소풍을 가서 김밥을 먹고 숲속을 거닐던 경험처럼 이따금 떠올리는 소중한 추억들이 긴 경험에 해당한다. 하지만 즐겁거나 긍정적인 경험만을 뜻하는 것은 아니다. 첫 직장에서 서툴게 일하면서 남몰래 눈물 흘린 경험, 친구나 연인과 헤어져서 힘들어했던 경험, 실수를 자책하고 반성하면서 다음번에는 더 잘해보겠다고 다짐했던 경험 등 우리가 흔히 부정적으로 여기며 피하거나 감추려 드는 무능, 결핍, 부재, 상실과 같은 경험들 또한 시간이 지나도 우리 삶에 지속적인 영향을 끼치는, 긴 경험이다.

당장 알아보고 즉각 답하는 디지털 시대에 반응을 지연하는 메커니즘을 사용하기란 쉽지 않다. 스스로 시행착오를 거치면서 반복을 통해 배우는 것이 어렵다. 경험할 시간이 허락되지 않는다. 즉시성만 살아 있는 시대에 맥락을 놓치기 쉽다. 사건들의 역사성은 희미해지고 일상에 통합되기 어려워진다. 벤야민의 표현대로 일상이 가속화될수록 경험은 위축되고[9] 파편 같은 이미지들만 떠돈다.

인간은 시간적 깊이temporal depth를 갖는 존재다.[10] 우리가 하는 모든 경험은 과거와 미래의 축 위에서 해석된다. 의미도 시간의 깊이에서 나온다. 통합에는 시간이 필요하다. 많은 일들이 벌어져도 그 의미가 일상으로 들어오지 못한다면, 자기와 연결되는 것도 불가능하다. 늘 바쁘고 그만큼 조급하지만 막상 중요한 것이 뭔지 알기 어렵다. 의미는 고사하고 목적지도 모른 채 사소한 것들은 건너뛰고 달려간다. 그런데 그 사소한 것들에 일상의 요체가 담겨 있다면, 우리의 질주와 가속은 과연 무엇을 위한 것일까?

주의와 지루함

"인류는 지루함이라는 질병으로 심하게 고통받을 것입니다. 이 질병은 매년 더 널리 퍼지고 강도도 높아집니다. 이것은 심각한 정신적, 감정적, 사회학적 결과를 초래할 것이며, 2014년에는 정신의학이 가장 중요한 의학 전문 분야가 될 것이라고 감히 말합니다."

─── 아이작 아시모프11

SF 소설의 거장 아시모프가 1964년 《뉴욕타임스》에 기고한 칼럼에는 50년 뒤인 2014년에 세상이 어떻게 바뀌어 있을지에 관한 생생한 예측이 담겨 있다. 그는 핵, 교통, 통신, 가전 등 각 분야에서 이루어질 발전에 대한 그림을 구체적으로 제시하면서도 끝에는 강한 우려를 남겼다. 거의 모든 분야의 업무들에서 자동화가 이루어져 생활은 편리해지지만 그로 인해 인류는 지루함을 피할 수 없게 된다는 것이다.

아시모프의 말대로 지루함은 정말로 우리에게 큰 타격을 주고 있을까? 그가 말한 시기로부터 10년이 지난 지금 우리는 어떤가? 그의 예언은 옳았을까? 현대인이 겪고

있는 다양한 정신건강 문제들의 기저에는 정말 지루함이
깔려 있는 것일까? 문제는 지루함을 덮을 만한 자극 또한
많아져서 지루함을 인식하기조차 쉽지 않은 시대가 되었
다는 것이다. 진통제 과다 복용으로 통증을 느끼지 못하
는 사람들처럼, 스마트폰에서 눈을 떼지 않는 현대인들은
자신의 문제가 지루함과 관련이 있다는 생각조차 하지 못
한다. 항상 뭔가에 주의가 쏠려 있어서 오히려 더 지루해지
기 쉬운 현상을 어떻게 이해해야 할까?

　참여하기 어려운, 주의 이탈disengagement의 상태가 지
루함이라면 그 반대 지점에는 플로우flow가 있다. 한 가지
활동에 흠뻑 빠져 시간 가는 줄 모르고 열중하는 것. 작곡
가, 화가, 운동선수, 의사, 체스 선수 등 다양한 전문가들
의 행동을 관찰하고 조사했던 심리학자 미하이 칙센트미
하이는 이런 몰입의 상태를 플로우라고 불렀다. 국내에서
는 깊이 파고들거나 빠짐을 뜻하는 '몰입'으로 번역되었
다.

　자신을 완전히 잊어버릴 정도로 몰두할 수 있으려면
우선 그것이 흥미롭게 느껴지는 활동이어야 한다. 또한 이
미 여러 차례 몸에 익혀 숙달된 상태에서 자신의 능력 수

준에 맞게 새로운 기술과 지식을 습득하고 개발할 수 있
는, 적절한 난이도를 갖는 활동이어야 한다. 억지로 공부
하면서 플로우를 경험하기는 어렵고, 수영을 배운 지 일주
일밖에 되지 않은 사람이 수영 중에 플로우를 경험하기도
어렵다.

　　양극단에 놓여 있는 플로우와 지루함, 두 상태에서
'주의attention'는 어떻게 다를까? 플로우의 상태일 때에는
현재 하고 있는 활동이나 목표에 주의의 초점이 맞춰져 있
어서 자연스럽게 자기에 대한 인식이 줄어든다.[12] '내가 잘
하고 있나?', '내가 이걸 좋아하나?'와 같은 생각을 하지
않는다.

　　하지만 몰입해야 하는 활동을 할 때 자기를 향한 주
의, 즉 자기초점 주의self-focused attention가 일어나면 플로우
는 방해를 받는다. '나'에 관한 생각을 하거나 의식하는 순
간, 몰입의 흐름은 깨지고 플로우가 잘 형성되지 않는다.[13]
왜 그럴까?

　　지루할 때 나타나는 딴생각하기, 멍 때림, 과제에 대
한 주의력 결핍은 디폴트 모드 네트워크DMN: Default Mode
Network의 활동 증가와 관련이 있다.[14] 이는 세인트루이스
워싱턴대학교 신경영상연구센터의 신경과학자 마커스 레

이츨Marcus Raichle이 처음 쓴 용어다. 레이츨은 우리 뇌에, 과제가 없을 때는 활발히 활동하다가 오히려 과제를 할 때 활동이 줄어드는 영역이 있다는 사실을 발견했다. 그는 완전히 쉬는 것이 아니라 기본값처럼 '대기 모드'에 있다는 사실을 설명하기 위해 이 영역에 '디폴트 모드 네트워크'라는 이름을 붙였다. DMN에는 내측 전전두피질, 후대상피질, 외측과 내측 측두엽, 하두정소엽이 포함된다. DMN은 주의 집중을 요구하는 행동이나 과제에 능동적으로 참여할 때 활동이 줄어들고,[15] 외부에 주의를 기울이지 않을 때 활성화된다.[16] 우리가 플로우와 지루함을 경험할 때 각각 뇌의 어떤 영역이 활성화되는지 살펴본 최근의 한 연구[17]에 따르면, 지루할 때 DMN의 활동이 증가하는 것에 반해 플로우 상태에서는 DMN의 중심축인 내측 전전두피질과 후대상피질의 활동이 감소되는 것으로 나타났다.

한편 참가자들에게 지루함을 유도해 뇌 활동을 관찰한 실험 연구[18]에서는, 단순 휴식 상태와 달리 지루한 사람들의 뇌에서만 전방뇌섬 피질의 활동이 줄어드는 것이 발견되었다. 전방뇌섬은 주체성의 지각,[19] 몸 내부 상태 및 감정에 대한 인식과 관련이 있는 영역이다. 심장박동, 호흡, 체온, 배고픔, 목마름, 포만감, 통증, 성적 각성에 이르

기까지 광범위한 몸 내부의 감각에 관여하는 뇌섬의 활동
은 특히 생리적 상태에 대한 의식적 지각conscious perception
을 반영한다.[20] 전방뇌섬의 활성화와 심장박동을 감지하
는 능력에 관해 살펴본 한 연구[21]에서는, 자신의 심장박동
같은 몸 내부 상태를 잘 알아차리는 사람일수록 특히 우
반구 전방뇌섬의 회백질이 두꺼운 것으로 나타났다. 내 몸
안에서 어떤 움직임이 있는지 알아차릴 수 있도록 그 기반
을 제공하는 것이 전방뇌섬의 활동이라고 할 수 있다.

　　따라서 지루함을 느끼는 동안 전방뇌섬의 활동이 줄
어들고 DMN의 활동이 증가한다는 것은, 자신의 생리적,
심리적 상태에 대한 알아차림이 떨어지고 눈앞의 과제에
집중하거나 외부 세계에 참여하는 데 필요한 집행 네트워
크 영역을 활성화하지 못하고 있다는 것이다. 집중해서 책
을 읽고 싶은데 문장이 잘 이해되지 않아 집중하지 못할
때처럼, 우리가 어떤 활동에 노력을 기울이고 싶어 하는
정도와 실제 노력하는 정도 사이에 불일치가 있을 때 지루
함이 발생할 수 있다. 이때 우리의 주의는 외부의 다른 자
극을 향하거나 자기 내부로 이동하는 경향이 있다.[22]

　　한 실험 연구[23]에서는 참가자들을 두 그룹으로 나누
어 5분짜리 영상을 보게 했는데, 첫 번째 그룹에는 어떤 회

사원이 자신의 업무에 대해 지루하게 설명하는 영상을, 두 번째 그룹에는 재미있는 시트콤 영상을 보여주었다. 연구자들의 예상대로, 지루함을 유도한 첫 번째 그룹의 참가자들의 자기초점 주의는 크게 증가했다. 지루함을 경험할 때 달리 주의를 돌릴 만한 외부 자극이 없는 상황에서 사람들은 내면으로 주의가 더 쏠리는 경향이 있다.

외부 세계가 아닌 자기 내부 경험에 더 초점을 맞추게 함으로써 지루함은 예술과 같이 창조적인 활동을 하는 사람에게는 창의성을 고양시키는 계기가 되고, 명상가나 수행자들에게는 수행이 깊어질 수 있게 한다. 하지만 자기 마음을 살피는 것이 익숙하지 않고 어색한 사람들에게는 이상하고 불편하게 느껴질 수 있다. 게다가 끊임없이 자기 자신을 판단하고 비판하는 습관이 있거나 과거의 힘든 경험으로 자기가 잘 통합되지 못하고 파편화되어 있는 사람들에게는 더욱 혐오스럽게 느껴질 수 있다.

지루함은 자기 자신에게 더 초점을 맞추게 한다는 사실만으로도 사람들에게 부담을 줄 수 있다. 따라서 지루함을 감지하는 순간 사람들은 자기인식self-awareness을 피하기 위해 무의식중에 쾌락적 행동으로 도망가거나 대인관계를 회피하는 행동을 하기도 한다.[24]

자기인식, 자기지식, 자기초점 주의, 자기개념self-con-
cept, 자기이미지self-image, 자기반추self-rumination, 자기성찰
self-reflection 등 심리학에는 자기self에 관한 다양한 용어들
이 존재하는데, 알랭 모랭Alain Morin은 우리의 자기인식 과
정이 어떻게 이루어지는지 그 프로세스에 초점을 맞추어
용어 분류 체계를 만들었다.[25] 그는 '자기를 향한 주의'와
'자기지식'을 구별해서 설명한다.

자기를 향한 주의self-directed attention는 자기초점 주의
와 같은 개념으로, 자기 자신을 향해 관심을 기울이는 것
이다. 예를 들어 누군가를 처음 만났을 때 우리는 대개 상
대방을 파악하기 위해 대화를 나누고 상대방의 얼굴을 쳐
다본다. 자연스럽게 주의가 그 사람을 향한다. 그런데 어
떤 사람들은 이런 상황에서 실시간 자기에 대한 평가를 하
느라 상대방을 있는 그대로 잘 보지 못한다. 이때 주의가
쏠리는 대상은 상대방이 아니라 자기 자신이다. 자기를 향
한 주의만 활성화되면 '저 사람이 나를 어떻게 생각할까?'
혹은 '나를 무시하지는 않을까?' 같은 염려나 걱정, 그와
관련된 생각들을 불러일으켜 불안이 더욱 증폭된다.[26] 자
기를 향한 주의가 적정할 때는 자신의 내적 반응을 잘 알
아차리거나 성찰하는 데 도움이 된다. 문제는 주의가 자기

에게만 극단적으로 치우칠 때 일어난다. 자신에게 쏠린 주의가 경직되어 다른 곳으로 주의를 돌리지 못하는 경우, 타인이나 상황에 대해 파악하고 대처하는 능력이 떨어질 수 있다.[27] 이처럼 경직된 주의는 종종 뭔가를 피하려는 무의식적 의도와 관련이 있는데, 그 전체적 맥락을 알지 못하기 때문에 반복되며 이는 알아차림을 어렵게 한다. 자기를 향한 주의가 과도하게 활성화되어 있을 때에는 타인도 자기자신도 있는 그대로 정확히 보기 어렵다.

자기지식self-knowledge은 자신의 생각이나 느낌을 구체적으로 알아차리는 것으로, 비교적 정확하고 현실적인 정보들을 말한다.[28] 겉으로 드러난 말과 행동이 사실은 어떤 마음 상태와 관련이 있는지, 자신의 마음에서 일어나는 의도와 생각, 감정과 욕망들을 잘 알고 있음을 뜻한다. 물론 자기지식은 단번에 생겨나지 않는다. 많은 경험과 시행착오를 통해 조정하고 보완하면서 구성해 나가는 것이다.

그런데 자기를 향한 주의가 높고 내면에서 일어나는 경험에 대한 생각을 많이 한다고 해서 자기를 잘 안다고 말할 수는 없다. 오히려 이런 사람들의 경우, 자기를 끊임없이 평가하고 비난하면서 일부 생각이나 감정에 치우쳐 자신을 왜곡해서 보는 경우가 많다. 감정이나 생각에 빠지는 것이 아니라 한발 물러나 조망할 수 있는 힘, 전체에 대한 알아차림이 동반되지 않으면 자기를 향한 주의는 정확한 자기인식이나 자기지식으로 이어지기 어렵다. 자기지식이 높은 사람들은 자신뿐만 아니라 상대방, 상황에 대해서도 자연스럽게 실시간 파악한다. 자기 지향적 주의를 잘 조절해서 필요할 때만 제한적으로 쓴다고 볼 수도 있다.

　그렇다면 자기를 향한 주의와 자기지식은 지루함과 어떤 관계가 있을까? 일반적으로 자기를 향한 주의가 높은 사람들은 지루함도 더 많이 느끼는 경향이 있다.[29] 그리고 최근 연구[30]에 따르면 자기 자신을 향한 주의는 높지만 자기지식이 낮은 사람들일수록 지루함을 더 자주, 강하게 느끼는 것으로 나타났다. 외부 환경에 초점을 맞추는 대신 자신과 내면의 경험(자신의 감정, 생각, 감각)에 더 주의가 쏠려 있지만, 이러한 내적 경험들이 무엇인지 식별하고 설명하고 이해하는 데 어려움을 겪기 때문이다. 지금 기분이 나쁜데 왜 그런지, 이게 어떤 감정이고 그 의미가 무엇인지 잘 알지 못한다. 자신의 상태에 대해 정확히 알지 못하기 때문에 제때 표현하거나 적절하게 대처하는 것이 잘 되지 않는다.

　특히 그때그때 자신이 느끼는 감정을 인식하고 적절

한 언어로 표현하는 것이 잘 안 되는 사람들일수록 평소
지루함을 더 많이 경험한다[31]는 사실은, 자신이 원하는 것
을 의식적으로 해독할 수 없는 데서 지루함이 비롯된다고
가정하는 정신역동이론의 관점[32]과도 일치한다. 지루함은
종종 단조로움, 자신의 수준에 맞지 않는 도전, 선택의 폭
이 좁아서 의욕이 생기지 않는 경우처럼 상황적 요인 때문
에 발생하는 것으로 생각되지만,[33] 이와 무관하게 자신의
마음에 대한 알아차림과 인식 부족으로 일어나는 경험일
수도 있다. 자신의 몸과 마음의 상태에 대한 인식이 낮으
면 실시간 무엇이 필요한지, 자신이 무엇을 원하는지 알지
못하기 때문에 그때그때 자신에게 필요한 행위를 정확하
게 하기 어렵다.

　　자기를 향한 주의와 자기지식이 각각 지루함과 고유
하게 연관되어 있다는 사실은, 지루함이라는 경험을 이해
하는 데 더 풍성한 정보를 제공한다. 예를 들어, 어떤 사람
이 자신과 내면의 경험에 집중하는 경향이 있지만 그게 무
엇인지 구체적으로 알지 못하면, 자신의 감정이나 가치 및
욕구를 제대로 이해하지 못한다. 따라서 의미 있는 활동을
표현하고 추구하는 데 어려움을 겪을 것이며 동시에 지루
함을 느낄 것이다. 이는 우리가 삶의 목적이나 가치에 부

합하는 활동에 참여하지 못할 때 지루함이 뒤따른다고 설
명하는[34] 실존주의 이론가들의 설명과도 닿아 있다. 실존
주의의 관점에서 지루함이란 다름 아닌 의미의 결여 혹은
상실이다.

。 얼어붙은 사람들

"기다리기는 하는데 도대체 무엇을 기다리고 있는지 모를 때 우리는 지루하다."
—— 발터 벤야민 35

신경학자이자 현상학자인 어윈 스트라우스Erwin Straus 36와 심리학자 리처드 놀스Richard Knowles 37는 지루함이라는 현상을 '미래'와 관련지어 설명한다. 그들에게 지루함이란 자기 자신이 되어가는 과정이 가로막힌 것을 뜻한다. 자신이 되어간다는 것은 미래를 향해 나아가는 것이다. 이 여정에서 사람들은 목표를 정하고, 이를 달성하고 실현하려고 노력한다. 이러한 여정이 방해받거나 뭔가에 의해 차단될 때 사람들은 의미 있는 미래를 내다보기 어려워진다. 사람들은 삶을 자기 자신이 되어가는 하나의 여정이자 과정으로 경험하지 못하게 되고, 이미 결정된 대상으로 자신을 바라보게 된다. 이때 느껴지는 것이 지루함이다. 독일의 실

존주의 철학자 마르틴 하이데거가 대표작 《존재와 시간》
에서 언급했듯 "현재는 과거뿐 아니라 미래의 산물"[38]이다.
하이데거의 설명에 따르면 '나self'라고 하는 것은 미래와
과거가 넘나들며 실시간 구성해가는 것이다. 미래에 대한
지향, 희망이나 상상은 우리가 보고 느끼고 살아가는 현
재의 분위기를 이룬다. 따라서 삶의 의미나 목적, 중요한
목표가 좌절되었을 때 우리는 어디로 가야 할지 알 수 없
게 되고 나아갈 방향과 동력을 잃게 된다. 하루하루가 안
개 속을 걷는 것처럼 답답하고 무겁게 느껴지며 이때의 지
루함은 미래와 단절된 현재를 드러낸다.

버지니아커먼웰스대학교의 교수 리처드 바그딜Richard
Bargdill은 실존주의의 관점으로 지루함을 분석하는 심리학
자다. 그는 일상적으로 지루함을 자주 느끼는 사람들에게
양가감정, 자기 삶에 대한 수동-회피적 자세, 수동적 희망,
수치심, 정체성 혼란이 공통적으로 발견된다[39]고 말한다.

여섯 명의 참가자를 심층 인터뷰한 현상학적 연구[40]
에서, 지루함을 자주 느끼는 사람들은 모두 목표에 관한
양가감정을 갖는 것으로 나타났다. 양가감정이란 서로 대
립되거나 모순되는 감정이 공존하는 상태를 말한다. 좋아
하는 대상에게 다가가고 싶은 마음과 안전하게 거리를 두

고 싶은 마음이 공존하는 상태, 혹은 도전적인 목표를 고수하고 싶지만 해야 할 노력을 생각하면 엄두가 나지 않아 포기하고 싶은 마음이 공존하는 상태와 같은 것이 양가감정의 예다. 우리는 한때 정말로 원하는 것이었다 해도, 나이가 들면서 하나둘 포기하거나 타협하는 과정을 겪는다. 바그딜의 연구에 참가한 사람들도 예외가 아니었는데, 본래 목표를 포기하고 차선책으로 타협하는 과정에서 이들이 경험한 것은 극심한 양가감정이었다. 한편으로는 여전히 원래 목표를 원했지만 목표로 가는 길에 놓인 걸림돌 때문에 목표를 변경하거나 수정하기로 결정했는데, 현실에 맞게 타협한 그들의 결정은 합리적으로 보였다.

하지만 이런 결정은 그들이 원래 가지고 있었던 동기를 약화시켰다. 참가자들은 자신이 진정 원하는 것을 외면하고 있다는 것을 인지하면서도 그다지 원치 않는 차선책을 따라야 한다고 받아들였다. 겉으로는 합리적 선택을 한 것처럼 보였지만, 애초의 욕망을 완전히 내려놓은 것은 아니었으며 억지로 외면하고 있었던 것이다. 한 참가자는 사랑하는 사람과 가정을 이루는 것이 꿈이었지만 냉정하고 무심한 사람과 결혼을 했고, 갑작스런 임신으로 학업도 중단해야 했다. 자신의 선택에 책임을 져야 한다며 앞

만 보고 달렸지만, 자녀들이 모두 자라 독립한 뒤로 정체
성이 완전히 사라진 것 같은 느낌을 받았다. 또 다른 참가
자는, 업무가 지루하게 느껴질 때마다 회사를 그만두고
다른 분야로 뛰어들었다. 회사도 바꾸고 역할도 바꾸고
계속 변화를 시도하며 40세가 되었지만 이제는 자신을 둘
러싼 모든 것이 지루했고 무언가 근본적으로 잘못되었다
고 느꼈다.

　이들 중 일부는 자기 삶이 잘 풀리지 않은 것에 대해
다른 사람에게 분노를 느끼고 세상을 탓했다. 하지만 아
이러니하게도 그들은 지루함의 해결책 또한 다른 사람에
게서 얻을 수 있을 거라 기대했다. 변화를 위해 주도적으
로 노력하지 않고 세상이나 타인이 뭔가 해주기를, 바깥에
서 변화가 일어나기를 기다리고 있었다.

　한편 자기 자신에게 분노하고 자신을 탓하는 경우도
있었다. 이런 부정적 감정들은 자신감과 의지를 꺾었다. 과
거에 강점이었던 것이 이제는 다 사라졌다고 느꼈고, 자신
의 기존 강점을 대체할 새로운 것이 없을 때에는 공허함을
경험했다.

　이는 또한 정체성의 위기이기도 하다. 정체성이란 과

거, 현재, 미래의 연결에서 나온다. 과거에 자신이 어떤 사람이었는지, 지금은 어떻게 보고 있는지, 미래에 어떤 사람이 되려고 하는지가 정체성을 구성한다.

바그딜은 만성적으로 지루함을 겪는 사람들이 "과거로부터 멀어지고 미래로부터 소외된 상태"라고 표현한다. 그들에게 과거의 일들은 매우 낯설게 느껴진다. 더 이상 자신의 것이 아닌 것처럼 생각된다. 또한 미래는 불투명하고 모호하다. 현실적으로 가능한 것들을 예상하고 준비하는 게 아니라, 막연한 공상과 환상에 빠지는 경향이 있다. 이는 수동성과 회피가 반복되는 패턴으로 이어진다. 희망은 버리지 않았으나 매우 수동적인 자세를 취하고 있어서 부끄러움, 심지어 수치심을 느끼기도 한다.

실존주의자들은 '삶의 의미'를 강조한다. 끝없는 불만족은 '의미 부재'를 뜻하고 만성 우울이나 불안을 비롯한 심리사회적 증상들은 '삶의 무의미'를 회피하는 것과 관련이 있다고 본다. 바그딜은 여기서 한 발 더 나아간다. 누구나 삶의 의미를 발견하길 원한다고 생각하지만 정작 삶의 의미를 선택하는 문제에 직면했을 때 사람들은 스트레스 반응과 유사한 모습을 보인다고 주장한다. 삶의 중대한 결정을 맞닥뜨리면 싸우거나 도망가거나, 혹은 얼어붙는 반응을 보인다는 것이다. 바그딜이 보기에 지루함은, 이 세 가지 중에서 얼어붙는 반응에 해당한다. 달려들어서 싸우지도 못하고, 도망가지도 못하는 상태, 지루함에 대해 그는 이렇게 말한다.

"지루함은 얼어붙는 반응과 동일하다. 얼어붙은 사람들은 자기 삶을 의미 있게 만들기 위한 창의적인 조치들을 강구할 수 있다고 생각하지 않는다. 대신 그들은 다른 누군가를 통해 뭔가 특별한 통찰을 만나게 되기를 기다린다. 자동차 헤드라이트 앞에 놓인 사슴처럼 이들은 얼어붙는다. 거슬리는 위험, 무의미함이 사라지고 일상으로 돌아갈 수 있기를 바란다. 그들의 희망은 소극적이다. 행동으로 이끄는 희망이 아니라 누군가가 자신을 도울 것이라는 희망이다. 그들은 절망과 기쁨 사이에 있다. 그들은 다른 사람들의 기도에 의지하며 지옥에서 기다린다. 메두사를 보기라도 한 것처럼 그 자리에서 굳어버린다. 더 이상 움직이지 않는다. 그들은 알고 있지만 마비되었다. 그들은 지루하다."41

˚   서서 응시하는 능력

"지루함은, 사람들이 불안감을 느끼지 못하게 하는 방어기제다."
—— 메다드 보스[42]

"오늘날 청소년들의 타락에는 지루함과 단조로움도 일부
책임이 있습니다. 하지만 왜 지루함을 느끼는지, 지루함을
느꼈다고 해서 왜 꼭 일탈 행동을 해야 하는지에 대해서
우리는 아직 명확히 알지 못합니다. 따라서 청소년들이 지
루함을 느낀다면 왜 그런지, 그리고 내면에서 어떤 일들이
일어나는지를 알아보는 것이 필요합니다."[43]

이것은 오늘날의 얘기가 아니다. 1943년 4월, 옥스퍼드에
서 열린 영국 심리학회British Psychological Society 정기 모임에
서 힐데 르윈스키Hilde Lewinsky는 심리학자들에게 지루함에
대해 깊이 들여다볼 것을 제안한다. 르윈스키는 1933년 히

틀러가 집권하자 고향 베를린을 떠나, 파리를 거쳐 영국 맨체스터로 이주하여 제2차 세계대전 기간 동안 맨체스터 대학교에서 심리학을 공부했던 대표적 여성 정신분석가 중 한 명이다.

당시 유럽은 많은 일들이 빠르게 자동화되면서 여가가 늘어났지만, 역설적으로 많은 사람들이 일에 대한 흥미를 잃어가고 지루함과 피로를 호소하기 시작하던 시기였다. 그때 사람들이 경험하던 지루함에 대한 정의는 독일 철학자이자 심리학자 테오도어 립스의 묘사[44]에서 찾아볼 수 있다. 그는 지루함을, "강렬한 정신적 몰두에 대한 충동과 자극 부족 사이의 갈등으로 인한 불쾌감"이라 했다. 이때 "자극 부족"이란 물리적 부족만이 아니라 심리적, 주관적 인식의 어려움 또한 포함한다. 주의, 혹은 정신이 뭔가에 완전히 사로잡히기를 바라는데, 그럴 만한 대상을 찾지 못하는 상황에서 겪게 되는 감정이 지루함이라는 것이다.

또 다른 독일의 심리학자 카를 뷜러는 항상 새로운 자극을 찾는 사람들의 증상을 "자극 굶주림Reizhunger"[45]이라 불렀는데, 여기에는 커다란 역설이 존재한다. 끝없이 추구하지만, 그게 무엇인지 사람들은 정작 잘 모른다는 것이다. 모르기 때문에 추구하고 손에 넣고 나면 다시 미지

의 것을 찾아 나선다. 목적지, 혹은 소망에 대한 불확실성
과 모호함은 지루함의 핵심 특성이다.

그렇다면 사람들은 왜 알지 못할까? 애초에 자기가
원하는 것을 왜 알기 어려울까? 이에 대한 대답은 이론적
관점에 따라 달라지는데, 정신역동이론가들은 애초의 욕
망이나 충동이 억압되었기 때문이라고 본다. 사회적으로
용납되지 않거나 고통스럽거나, 혹은 한때 고통스러웠기
때문에 무의식적으로 억압되어 있어서 평소에 알아차리기
어렵다고 가정한다.[46]

감추어둔 소망이나 욕망은 그 자체로 너무 크거나 강
렬해서가 아니라, '없애야 한다'는 마음이 강하기 때문에
그만큼 더 크게 느껴진다. 금지나 처벌을 강하게 의식할수
록 그 내용도 두드러져서 역설적으로 그 욕망을 더 키우
게 된다. 사실은 '하지 말아야 하는 것'이 아니라 '그다지
할 필요가 없는 것'일 수도 있는데, 불안이나 두려움 때문
에 주의가 좁아지면서 '하지 말아야 한다'가 부풀려지고
정확히 그만큼 '하고 싶다'도 과장되게 인식된다. 주의가
경직되어 왜곡된 '하고 싶다'와 '하지 말아야 한다'를 왔다
갔다 하게 되는 것, 특정 생각에 갇혀 이럴 수도 없고 저럴
수도 없다고 느끼는 것이 바로 노이로제, 혹은 신경증이

다. 장 폴 사르트르는 "수동성이야말로 모든 신경증의 심
장"[47]이라고 했지만, 사실 수동성은 금지나 처벌에 대한
과장된 공포에서 나온다. 같은 논리로, 극단적이거나 강렬
한 욕망은 대개 금지와 처벌이 만들어내는 환상이다.

르윈스키는 W. H. 데이비스의 시 〈여유Leisure〉의 한 구
절을 언급하며 지루함의 본질적 특성을 강조했다.

> 그게 무슨 인생일까, 근심에 찌들어,
> What is this life if, full of care,
> 가던 길 멈춰 서서 바라볼 시간도 없다면?
> We have no time to stand and stare?

현대 문명의 속도 강박과 항상 바쁜 사람들을 안타깝게
생각하며 시인은 이렇게 노래했지만, 르윈스키는 그들이
멈추지 않는 것이 시간이 없어서가 아니라고 주장한다.

> "사람들이 멈춰 서서 바라볼 시간이 없다는 것은 사실이
> 아닙니다. 오히려 그 반대죠. 그들은 서서 응시하는 것을
> 피하기 위해 온갖 노력을 다합니다. 반면 앉아서 영화관
> 스크린을 응시하는 것은 무한히 선호하죠."[48]

르윈스키의 분석에 따르면, 지루함을 자주 느끼는 사람들일수록 모든 것을 멈추고 가만히 응시하는 것을 어떻게든 피하려 한다. '심심하다', '지루하다'며 재미있는 것을 찾고 있지만 사실은 뭐라도 찾아내어 자신의 주의를 그쪽으로 돌리려는 것이다. 자기 자신과 단둘이 있는 것을 두려워하기 때문이다. 혼자 있는 상황은 해로운 행동, 금지된 것에 대한 생각이 더 쉽게 일어나도록 하는데, 유혹을 따르고자 하는 마음과 피하고자 하는 마음이 갈등을 일으키면서 경험하게 되는 느낌이 '지루함'이라는 것이다. 자신이 제어하기 힘든 충동 같은 것이 올라올까 봐 무의식적으로 스스로를 마비시키는 이때 지루함은 충동에 대한 방어가 된다.

이처럼 지루함에는 갈망과 무력감이라는 두 가지 요소가 들어 있다. 무언가를 피하기 위해서는 그것을 생각나게 하거나 근처에 있는 것들은 모조리 피해야 한다. 하지만 그렇게 다 배제하다 보면 어떤 것에도 만족하기 어려워지면서 무력감이 든다. 무력감이 일어나면, 행동하고자 하는 소망이 강하게 억압되기 때문에 덜 불안하게 느껴진다. 예를 들어 소설가의 꿈을 접고 회사를 다니며 가족을 부양하는 사람은, 자신의 젊은 시절 꿈이 되살아나 혹시라도 회사를 그만두고 무책임한 가장이 될지도 모른다는 막

연한 불안감을 갖고 있어서 소설은커녕 책을 아예 읽지 않
게 될 수도 있다. 우연한 계기로 뭔가를 읽거나 쓰고 싶은
충동이 일어났다 하더라도 '귀찮아', '무슨 소용이야'와 같
은 무력감으로 이를 덮어버리기 때문에 행동으로 옮길 가
능성이 낮아진다. 무력감은 갈망이라는 불을 꺼버리는 잿
더미와 같다. 결과적으로 욕망이나 충동에 따라 행동할 위
험이 적기 때문에 무력감은 더 많은 백일몽이나 환상을 허
용하는 경향이 있다.

　　갈망은 바라는 바가 분명하다. 갈망에는 목표가 있
다. 갈망은 특정한 사람이나 장소, 어떤 대상을 원한다. 반
면 갈망과 무력감을 동시에 갖고 있는 지루함은 대상이나
목표조차 외부에서 제시되기를 원한다. 자신이 욕망하는
대상이나 야망의 목표를 스스로 정하고 인정하는 것은 그
에 대한 실행의 책임도 감당한다는 의미이다. 그로 인해
내적으로, 혹은 외부 여러 요소들과 갈등을 겪어야 할 수
도 있다. 실행에 대한 책임, 갈등에 대한 부담을 짊어지지
않기 위해 무의식적으로 무력감을 일으키면서 애초의 갈
망을 덮는다. 이런 과정이 반복되면서 자신이 무엇을 원하
는지도 알기 어렵게 된다. 따라서 갈망의 상태에서 떠올리
는 대상은 실제 대상에 해당하지만, 지루함의 경우에는 그

대상이 없거나 모호하며 있다 하더라도 가짜 대상이라고 볼 수 있다. 임시 조치일 뿐이다. 그래서 지루함은 '무엇을 원하는지 모르면서 막연하게 원하는 상태'이기 때문에 무엇을 해도, 무엇을 얻어도 결코 만족할 수 없게 만든다. 목적 없이 계속 돌아가는 모터와 같다.

자극이나 활동, 대상으로 해결될 수 없다면 지루함에 대한 해결책은 무엇일까? 르윈스키의 말대로 "서서 응시하는 능력"의 회복이다. 활동이나 자극으로 계속 도망다니는 것이 아니라 멈춰 서서 바라보는 능력, 자신의 생각이나 감정을 회피하지 않고 경험하고 탐구하는 능력, 가짜 대상이나 가짜 목표로 자신을 속이지 않고 있는 그대로 존재하고, 있는 그대로 만나는 능력. 이런 능력은 억압된 것을 해체하는 길로 이끈다. 자신의 욕망이나 충동, 원하는 바를 인정하고 알아차릴 수 있을 때 그것을 좇을 것인지, 말 것인지도 선택할 수 있다. 무엇이 억압되어 있는지 모르면서 자기답게 살아갈 수는 없는 법이다. 지금까지 감아온 눈을 뜰 때, 비로소 지루함의 안개는 서서히 걷힐 것이다.

。　자기로부터의 소외

> "문화산업은 엔터테인먼트에서 지루함으로, 그리고 만족감 없이 다음의 엔터테인먼트로 되돌아가는 끝없는 나선형의 움직임이다."
>
> ── 테오도어 아도르노 49

시카고정신분석연구소Chicago Institute for Psychoanalysis의 정신분석가 하스켈 번스타인은 1975년 출판한 논문 〈지루함과 레디메이드 인생〉50에서 현대인의 만성 지루함에 관한 예리한 통찰을 펼쳤다. 50년이 지난 지금도 매우 흥미롭게 읽히는 이 논문은 이런 질문으로 시작된다. 온갖 기술과 기계의 발달로 잠시도 조용할 틈 없이 세상은 복잡하고 흥미진진한 자극들로 넘쳐나는데 왜 사람들은 여전히 '지루함'을 느끼는 걸까?

　　그는 먼저 반응적 지루함responsive boredom과 만성 지루함chronic boredom을 명확히 구분해야 한다고 주장한다. 단조로운 일을 계속 반복하거나, 여행을 갔는데 너무 춥고

비가 와서 밖에 나갈 수 없는 상황에서 우리는 지루함을 느낄 수 있다. 하지만 이런 지루함은 일을 끝낸 뒤, 그리고 날씨가 좋아지면 금세 사라진다. 상황에 대한 반응으로 자연스럽게 경험되는 것이 반응적 지루함이다.

외부 상황이나 특정한 사건 때문에 일시적으로 나타났다 사라지는 감정이 있고, 그런 것과 무관하게 심리 내적으로 지속되는 어려움이 있다. 번스타인은 슬픔과 우울, 두려움과 불안을 예로 들어 설명한다. 슬픔은 중요한 무언가를 잃어버려서 일시적으로 일어나는 감정이지만 우울은 일시적이지 않으며 일으킨 이유가 따로 있지도 않다. 두려움 역시 위협적 상황에서 일어나는 감정이지만 불안은 명확한 이유를 찾기 어렵다.

반응적 지루함과 만성 지루함도 마찬가지다. 그러한 감정을 일으킨 이유가 존재하는지 아닌지가 핵심이다. 다시 말해, 누구나 지루해할 만한 상황에서 느끼는 지루함이 반응적 지루함이라면, 특별한 이유 없이 느끼는 것이 만성 지루함이다. 만성 지루함은 외부 요인으로 인한 것이 아니기 때문에 환경에 변화를 준다고 해도 줄어들거나 사라지지 않는다. 만성 지루함을 겪고 있는 사람들은 대부분 자신이 그렇다는 사실조차 모른다. 그래서 자신의 불만족과 불행의 원인이 물리적 조건이나 외부 요인에 있다고 믿는다. 상황을 탓하며 다양한 변화를 시도해보지만 잠시 괜찮아지는 것 같다가도 곧 다시 지루해지고 지겨워진다. 따라서 무슨 일이든 일어나야만 한다. 아무 일도 없는 것이 최악이기에 그들은 힘든 일이나 고통, 비극이라도 일어나기를 바란다.

마릴린 먼로의 정신과 의사로 유명했던 미국의 정신분석가 랠프 그린슨은 지루함의 고유한 특성을 이렇게 묘사한 바 있다.

"지루함은, 다음과 같은 구성 요소들이 한데 공존하고 있어서 매우 독특하게 느껴진다. 불만족 상태, 하지만 행동은 꺼림, 갈망하는 상태, 하지만 무엇을 갈망하는지 꼭 집어 말하지 못함, 공허감, 바깥의 무언가가 자신을 만족시켜줄 거라는 희망을 갖고 수동적으로 기대하는 태도, 시간이 멈춘 것처럼 느끼는 왜곡된 시간 감각."[51]

만성적으로 지루해하는 사람들은 끝없이 자극을 갈망한다. 초조함으로 잠시도 가만있지 못하지만 공허감을 동시에 갖고 있어서 뭔가를 지속하기 어렵다. 이들은 자기 삶에 온전히 참여하지 못하고 항상 관찰자처럼 겉돈다.

현대 사회에서 많은 이들이 호소하는 외로움과 고립감은 이러한 소외alienation에서 비롯된다. 흔히, 사람들 사이의 관계가 피상적이거나 형식적이 되고 멀어지거나 소원해지는 사회적 현상이 소외라고 생각하지만, 모든 소외는 자기와의 관계에서 시작된다. 소외는 자기 자신과 온전히 연결되지 못하는 경험, 자신의 핵심적인 부분으로부터 단절된 개인적 경험에서 비롯된다. 있는 그대로 경험하는 것이 너무 위협적이어서 억압했거나, 여건이 되지 않아 회피했던 사람들은, 의식적으로든 의식하지 못하든 자신의 일부를 숨기거나 가리거나 배제하려는 노력을 끊임없이 하게 된다. 그러면 겉으로는 자신의 취약한 점을 드러내지 않고 불편한 상황을 만들지 않아서 스스로 잘 통제하는 것처럼 보이지만, 내면에서는 어마어마한 에너지를 자신을 억누르는 데 쓰게 된다. 다른 사람들 앞에서 '이러이러한 모습을 보여야 한다'는 생각으로 자신을 계속 검열하고 평가하느라 긴장하고 있기 때문에, 정작 타인이나 관계에 대해 제때 알아차리고 대처하는 것이 잘 되지 않아 대인관계 문제를 더 많이 경험할 수 있다. 소외는 근본적으로 자기감정이나 느낌을 있는 그대로 경험하지 못하는 것이다.

자신의 핵심, 혹은 매우 깊은 부분으로부터 배제되거나 차
단되어 있는 상태다. 자기로부터 소외된 사람은 타인과도
연결될 수 없다.

번스타인의 설명에 따르면, 자신의 감정을 직접적으
로 생생하게 경험할 수 없음, 즉 자기로부터의 소외가 만
성 지루함의 뿌리다. 만성 지루함은 본래 소외에서 시작된
다. 느낄 수 없기에 진정한 관심도 생겨나기 어렵다. 생생
하게 경험하지 못하는 사람들은 늘 공허하다고 느끼며, 이
러한 공허감을 채우기 위해 초조하게 뭔가를 갈망한다.

안절부절못하는 불만족과 무한한 갈망은 만성 지루
함의 대표적인 특징이다. 신들을 시험하다가 저승에서 영
원한 형벌을 받았던 그리스 신화 속 탄탈로스의 운명과
비슷하다. 그는 눈앞에 물이 있으나 마시려고 고개를 숙일
때마다 사라져버려서 목이 타는 갈증과 굶주림에 시달려
야 했다. 새로운 자극에서 구하려던 쾌감은 탄탈로스의
갈증처럼 손에 넣으려고 애를 쓸 때마다 신기루처럼 사라
져버린다.

한편 중년에 접어든 사람들의 여러 가지 불만족과 일
탈 행동에도 만성 지루함은 숨어 있는데, 번스타인은 이렇
게 묘사하고 있다. 어린아이를 키우면서 경제활동을 하는

젊은 부부들은 대부분 너무 바쁘기 때문에 지루함이 잘 드러나지 않는다. 중년 무렵 재정적, 사회적 지위를 확립하고 아이들을 독립시킬 때까지는 현실적 문제들에 파묻혀 지루함을 인식하지 못한다. 하지만 여유롭고 안정된 삶을 꿈꾸던 젊은 시절이 지나 점점 나이가 들고 막상 인생이 그런 식으로 전개되지 않을 때, 사람들은 괴로워하고 당혹스러워하며 자신의 삶이 어디서부터 잘못되었는지 궁금해한다.

"불만이나 불행에 대한 이유를 찾기 위해 그들은 경력에 대해, 결혼에 대해, 심지어 거주지에 대해 의문을 제기한다. 변호사는 예전에 의사가 되었더라면 더 행복했을 것이라고 후회하고, 광고 전문가는 차라리 귀농했어야 하지 않았나 생각한다. 전업주부는 일찌감치 사회생활을 그만둔 것이 끔찍한 실수였다고 믿는다. 이 시기에 실제로 경력을 바꾸는 사람도 있고, 자신이 충분히 성취하지 못했다고 결론내리고 다시 일을 시작하는 사람도 있다. 일부는 꿈꾸던 곳으로 이사를 감행함으로써 딜레마를 해결하려고 한다. 어떤 이들은 은밀하게, 혹은 대놓고 자신의 불만을 배우자 탓으로 돌린다. 배우자가 더 밝고 적극적인 성격이었다면,

더 배려하는 사람이었다면, 일에서 더 성공했더라면 자기 인생이 나아졌을 거라고 믿는다. 실상은, 오랫동안 잠재되어 있었던 만성 지루함이 서서히 드러나고 있을 뿐인데 그들은 서로를 탓하거나 현실적인 조건 때문이라며 화살을 밖으로 돌린다."52

번스타인의 분석에 따르면, 중년이 되어 경제적으로 살 만하고 여유로워지니 지루함이 생겨난 것이 아니다. 그들의 만성적인 지루함은 오래전부터 존재했지만 젊은 시절의 바쁜 활동과 산만함에 가려져 있었을 뿐이다. 그는 이를 집에 불이 난 치통 환자에 비유한다. 집에 불이 났다면 치통이 있어도 느끼지 못할 것이다. 가족들을 안전한 곳으로 옮기고 사고 수습을 마치고 마음이 좀 진정되면 이전에는 느끼지 못했던 치통을 인식하게 되고 갑자기 참을 수 없을 만큼 심각하게 통증을 느끼게 될 수도 있다. 이와 마찬가지로 경제적 안정과 풍요로움은 지루함을 만드는 게 아니라, 이미 오랫동안 잠복해 있었던 지루함이 경험될 수 있는 조건을 만들 뿐이다.

그렇다면 이들의 잠재적 지루함은 어디에서 생겨난 것일까? 이 대목에서 〈지루함과 레디메이드 인생〉에 담긴

번스타인의 통찰은 정점을 찍는다. 그는 "사회적으로 성
공한 사람"이 되기 위해 부모가, 사회가 아이들을 과도하
게 억압하면서 소외가 시작되고 만성 지루함이 생겨난다
고 진단한다. 예를 들어 친구를 사귀기 어렵거나 잘하고
싶은 것이 잘 안 되어 어려움과 좌절을 겪을 때, 어른보다
경험이 부족한 아이들은 혼란스러운 감정을 더 많이 경험
할 수밖에 없다. 하지만 우리 사회는 아이들에게 감정을
충분히 느끼고 경험할 시간을 주지 않는다. "사회적 성공"
을 위한 조건들은 이미 다 정해져 있고, 아이들은 시간을
최대한 아껴서 단계별로 이 조건들을 따라잡아야 한다. 감
정을 억압으로 통제하는 것과 감정을 느끼며 조절하는 것
은 커다란 차이가 있다. 후자에 이르는 과정에는 시간이
필요하다.

   자신의 감정을 다루는 법을 배울 수 있도록 충분한
시간과 적절한 조건이 주어진다면, 아이들은 불편하고 부
정적인 감정들을 겪더라도 훨씬 잘 이해하고 대처하게 될
것이다. 억압하거나 회피하지 않고 삶이 주는 생생한 느낌
들을 그대로 경험하면서 자기 자신과 더 잘 연결될 수 있
다. 자기에게서 소외되지 않은 성인으로 자랄 수 있다.

현대 사회에는 정보가 넘친다. 어떤 것이 성공이고 어
떤 사람이 좋은 사람인지에 관한 이미지도 넘쳐난다. 소셜
미디어는 끊임없이 말한다. "안주하지 마. 저렇게 되려면
아직 멀었어!" 번스타인의 말대로 현대 사회는 우리에게
시행착오를 겪을 시간을 주지 않는다. 만약 시행착오를 겪
고 있다면 그것조차 멋진 결과를 위한 필연적 과정으로
포장하고 편집해 드라마로 만들어 전시할 것이다. 모든 시
간을 생산적으로 보내야 하고, 쓸모없는 것은 없어야 한
다. 모두가 서둘러 이미지를 입는다. 내게 맞는 것인지, 내
게 필요한 것인지 파악할 시간조차 없다. 태어나서 죽을
때까지 우리는 따라잡느라고 바쁘다. 이미 정해져 있는 삶
의 틀에 늦지 않게 탁, 탁, 끼워 맞춰야 하는 것이다. 라이
너 마리아 릴케가 말했듯,

"세상에, 다 있네. 세상에! 전부 다 우릴 기다리고 있어. 우
리는 그냥 와서 이미 만들어진 레디메이드 인생을 보고,
그대로 입기만 하면 되는 거야."[53]

3장

디지털 지루함

업데이트, 업데이트, 업데이트

"2분 동안 했는데 지루하다면 4분 동안 해본다. 여전히 지루하다면 8분, 16분, 32분 등으로 계속 해본다. 결국 하나도 지루하지 않고 매우 흥미롭다는 것을 발견하게 된다."

— 존 케이지[1]

업데이트에 대한 사전의 정의는 이렇다. "기존 정보를 최신 정보로 바꿈."[2] 오늘날 우리는 업데이트를 당연시한다. 업데이트가 이루어지지 않으면 정보로서의 가치는 떨어진다. 하지만 발터 벤야민은 말한다. "매일 업데이트되는 뉴스에는, 뉴스가 하나도 없다."[3]

무슨 의미일까? 지루함에 누구보다 깊은 관심을 가졌던 독일 철학자 발터 벤야민은 1920년대와 30년대에 걸쳐 지루함에 관한 많은 글을 썼다. 하지만 그의 작업은 지루함에 관한 체계적인 분석이라기보다는, 지루함의 다양한 정의와 현상에 대해 풍성한 논의를 담고 있기 때문에 일관성이 부족하고 서로 상충되는 점이 많다는 비판을 받았다.

그러나 이것은 벤야민의 통찰이 부족했기 때문이 아니라 '지루함'이라는 현상 자체가 다층적이고 복잡한 면을 갖고 있기 때문이다.

벤야민은 이제 우리는 새로운 것을 새롭게 인식하기 어렵다고 강조한다. 무엇이 새롭거나 다른지 알기 위해서는 기존의 것과 비교해볼 시간이 필요한데, 그런 시간이 주어지기도 전에 또 새로운 것이 "업데이트"되기 때문이다. 제품이나 정보가 대량 생산, 대량 유포되면서 오히려 똑같은 것이 무한정 반복되는 현대 사회를 그는 "동일한 것의 영원한 귀환immer wieder das Gleiche"[4]이라 불렀다.

SNS와 인터넷으로 세계 곳곳의 뉴스를 실시간으로 접하는 우리로서는 상상하기 어렵지만, 벤야민이 살던 시대에 등장한 신문과 전화는 매우 충격적인 경험을 제공했다. 사람을 만나 얼굴을 보며 이야기로 정보를 전달하던 것이 당연하게 여겨지던 때에, 모르는 사람이 불특정 다수에게 한꺼번에 많은 것을 폭로하는 신문은 인지적으로나 정서적으로 감당하기 힘든 것이었고 얼굴 없이 목소리만 들려오는 전화는 실로 공포스러운 경험이었다. 기술 발달이 만들어낸 도시 문명은 시간과 공간을 순식간에 압축해버렸고 사람들에게는 적응할 시간이 필요했다. 따라서 너무 많은 자극들로부터 스스로를 보호하기 위해 일종의 무관심, 무신경한 태도가 생겨났다. 벤야민은 게오르크 지멜의 용어 '심드렁한 태도'를 인용하며, 현대인들은 새로운 것에 지쳐 무심해졌기 때문에 일상의 새로운 일들도 온전히 경험하기 힘들다고 주장한다. 먼저, 지멜이 말한 "심드렁한blasé 태도"가 무엇인지 살펴보자.

> "과도하게 감각적인 삶이 신경을 극도로 자극하여 마침내 더 이상 어떤 반응도 일으키지 못하기 때문에 심드렁하게 하는 것과 마찬가지로, 덜 해로운 자극들은 너무 빨리 변하고 서로 상충됨으로써 우리의 신경을 갈기갈기 찢고 마지막 남은 힘까지 다 소진하게 만들기 때문에, 그런 환경에서는 새로운 힘을 모을 시간이 없다. 적절한 에너지로 새로운 감각에 반응하지 못하는 이 무능력이 심드렁한 태도이다."[5]

이처럼 대도시의 잦은 변화, 너무 많은 자극들로 인해 사람들은 점점 무신경, 무감각해지지만 이것이 전적인 원인은 아니다. 지멜은 또한 돈이 사물의 고유한 가치를 무화시키는 화폐 경제에도 그 원인이 있다고 주장한다.

"심드렁한 태도의 본질은 사물의 구별에 대한 무관심이다. 정신적으로 둔감한 것처럼 사물들을 인식하지 못한다는 뜻이 아니라 사물을 구별하는 것의 의미와 가치, 그리고 사물 자체의 의미와 가치를 무의미한 것으로 경험한다는 뜻이다. 심드렁한 사람들에게는 모든 것이 균질하고 평면적이며 회색으로 보인다. 어떤 것도 다른 것보다 선호할 만한 가치를 갖지 않는다. 이러한 기분은, 돈이 사물의 모든 다양성을 대신하고 사물 간의 모든 질적 차이가 다만 가격 차이로 표현되는 화폐 경제가 그대로 반영된 것이다. 아무런 특색이 없어 모든 가치의 공통분모가 될 수 있는 만큼, 돈은 모든 가치를 평준화한다. 돈은, 사물의 핵심과 특수성, 특정한 가치와 고유성, 비교 불가한 특성들을 회복할 수 없도록 도려내버린다."6

1903년 출간된 지멜의 에세이 〈대도시와 정신생활Die Gross-taedte und das Geistesleben〉에 들어 있는 한 단락이다. 120년 전의 글이지만 지금의 사회를 이해하는 데에도 참고할 만하다. 당시 급격히 진행되던 산업화, 도시화가 개인의 심리에 어떤 영향을 끼쳤는지 예리하게 포착하고 있다. 오늘날 우리가 살아가는 멀티미디어 시대는 이때에 비해 무엇이 달라졌을까? 지금의 시대는 우리 마음에 과연 어떤 영향을 끼치고 있을까?

실시간 업데이트되는 세계에서 시간은 지워진다. 어떤 것을 새롭게 인식하려면 이전의 익숙한 것에 미루어 대비해야 하는데 그럴 여유도 시간도 주어지지 않는다. 이전 것은 지워지고 지금의 것만 드러난다. 온라인 세상에는 과거도 미래도 없고 오직 현재만 있다. 시간이 사라진 세상이며 새로운 것처럼 보일 뿐 새로운 것은 없다.

디지털 기기와 시스템은 이제 우리 일상의 모든 면에 들어와 있고, 이는 우리가 비슷한 일이나 비슷한 경험을 더 많이 반복하게 되었음을 뜻한다. 거의 같은 때에, 거의 같은 곳에 들어가 비슷한 콘텐츠를 보고 비슷한 생각을 하고 비슷한 감정을 느낀다. 어디서나 비슷한 것들이 되풀이된다. 더 많이 연결되고 더 많은 기회가 생기는 게 아니라, 경험이 더 제한되고 축소된다. 디지털 일상화로 인한 가속, 즉시성, 분주함은 결과적으로 무한한 반복을 낳고 지루함을 더 확장시키는 결과를 낳는다. 이것이 디지털 지루함의 특징이다.

앞에서 우리는 지루함의 두 가지 유형에 대해 알아보았다. 단순 지루함 혹은 대상이 있는 지루함bored by과, 지

루함-피로 혹은 대상이 따로 없는 지루함bored with. 언제든
휴대폰 하나로 기분전환을 할 수 있는 디지털 시대에는
단순 지루함을 느끼기 쉽지 않다. 싫증나거나 지루해지기
전에 사람들은 다른 곳으로 시선을 돌린다. 하지만 이곳
저곳을 돌아다녀도 흥미와 의미는 발견할 수 없다. 반복되
는 콘텐츠의 소비자, 진정한 참여나 경험과 동떨어진 구경
꾼이 되어 무엇으로도 해결할 수 없는 지루함에 빠지게 된
다. 이때의 지루함은 대상이 따로 없는 지루함, 곧 자기 자
신에 대한 지루함이다.

　지루함을 체계적으로 분석한 가장 유명한 문헌 중 하
나로 하이데거의 《형이상학의 근본개념들》이 있다. 하이데
거는 인간의 근본기분Grundstimmung에 불안과 지루함이 있
다고 보았다. 특별한 일이 없어도 슬그머니 우리를 휘감는
기분, 디폴트와 같은 심리 상태가 바로 불안과 지루함이
라는 것인데, 1929년에서 1930년 사이의 강의록을 묶어 출
간한 이 책에서 하이데거는 지루함에 세 가지 형태가 있다
고 말한다.

　첫 번째, '무언가로 인한' 지루함이다. 평범한 시골 기
차역, 당신은 다음 기차를 타기 위해 네 시간을 기다려야

한다. 하이데거가 제시한 사례를 현대에 맞게 수정해서 들여다보자. 가장 중요한 전제는 당신이 '핸드폰을 두고 왔다'는 것이다. 텅 빈 기차역, 당신은 '시간을 죽이기 위해' 한쪽으로 걸어갔다가 다시 돌아오고 다른 쪽으로 걸어갔다가 돌아오기를 반복한다. 배는 고프지 않지만 매점에 간다. 이것저것 간식거리를 사서 벤치에 앉아 먹는다. 주위에는 아무도 없다. 먼 산을 바라보며 과자를 먹고 음료도 마신 뒤 쓰레기를 버리고 손도 씻었지만 앞으로 두 시간이 더 남았다. 가방에 책이 한 권 있음을 기억해내고 책을 꺼내든다. 자기 마음에 대해 잘 알면 세상을 더 잘 이해할 수 있다는 책이다. '지당하신 말씀!'이지만 이상하게 눈에 들어오지 않는다. 마침 벤치 앞으로 개미가 서너 마리 지나간다. 아까 내가 먹다 흘린 과자 부스러기를 개미들이 나르고 있다. 개미들의 움직임을 관찰한다. '개미들도 나도 살아 있는 것들은 모두 애를 쓰는구나.' 생각하다가 갑자기 기차를 기다리는 이유가 떠오른다.

당신은 지금 이십 년 만에 연락을 해온, 첫사랑을 만나러 가는 길이다. 갑자기 초조해진다. 시계를 보니 아직도 한 시간이 남았다. '그는 왜 갑자기 연락을 해왔을까? 지금 어떻게 살고 있을까? 만나면 어떤 기분이 들까?' 당신은 과거 기억을 떠올리며 이런저런 추측과 상상을 동원해 지루함을 잊으려 한다. 당신은 이제 기차역에 있지 않다. 마음은 벌써 목적지에 가 있다. 이 모든 생각과 행위들이 기차를 기다리며 겪는 지루함에서 벗어나려는 시도다. 첫사랑을 만날 거라는 기대는 기다림의 시간을 상대적으로 더 길고 지루하게 만든다. 이처럼 하이데거가 말한 첫 번째 형태에는 지루함을 불러일으키는 대상이 있다. 대상이 있기에 '지금 이것이 아닌 더 나은 무언가가 있다'는 생각이나 환상도 가능해진다. 이 형태의 지루함은 '분주함'이 특징이다. 사람들은 대개 생각이나 행동의 분주함을 통해 지루하다는 느낌을 피하려 한다.

두 번째 형태의 지루함에 대해서는 하이데거의 예시 그대로 살펴보자. 그는 어느 날 저녁 파티에 초대되어 갔다. 사람들도 좋고 대화도 즐겁고 음식도 맛있어서 꽤나 유쾌한 시간을 보냈다. 다른 생각을 할 틈도 없이 즐겁게 저녁을 보내고, 집으로 돌아가 자신의 책상 앞에 선 순간 갑자기 이런 느낌이 엄습한다. '오늘 저녁 내내 지루했군.'

그는 이런 자기 자신의 반응에 놀란다. '아니, 조금 전까지만 해도 정말 재미있고 즐거운 시간이었다고 흡족해했으면서 왜 지금은 '지루했다'고 매듭을 짓는 거지?' 의아

한 생각이 들어 자신이 조금이라도 지루해했던 증거가 있
었는지 돌아본다. 그러고 보니 하품을 참았던 순간, 테이
블 위를 손가락으로 두드리고 싶은 것을 참았던 순간이
있었다. 또한 시간을 보내기 위해 일부러 담배를 피워 물
었던 순간이 떠오른다. 실시간 느껴지는 첫 번째 지루함과
달리, 두 번째 지루함은 첫 번째보다 '깊은deep' 지루함으
로, 시간이 지나 '돌아볼 때에만' 느낄 수 있다는 특성이 있
다. 게다가 정확한 대상이나 이유도 찾기 어렵다. "파티의
무엇이 지루했니?"라고 물으면 딱히 할 말이 없는 것이다.
하이데거의 설명에 따르면 이는 내면에서 흘러나온 지루
함이기 때문에 바깥에서 원인을 찾을 수 없다. 그는 실시
간 쏟아지는 재미와 오락거리, 자극에 압도되어 과거와 미
래를 잊고 현재에 갇혀 있는 상태, 하지만 그러한 사실을
알지 못하기에 출구를 찾지 못하는 상태[7]가 두 번째 지루
함의 특징이라는 결론을 내린다. 기차가 오기를 기다리고
첫사랑과의 만남을 기대하는 것처럼 외부에서 사건이 일
어나기를 기다리는 것이 첫 번째 지루함이었다면, 이 경우
에는 과거와 미래를 연결하는 기대나 기다림이 없고 희망
도 환상도 일어나지 않는다. 마치 공허함 속에 버려진 것
같은 느낌을 받으며 '뭔가가 없다'고 느끼지만 그게 무엇

인지는 알지 못하는 상태다.

마지막으로 세 번째 형태의 지루함, 이른바 '심층적 지루함'이 있다. 하이데거는 세 번째 지루함에 대해 구체적 예시를 들지 않았다. 게다가 하이데거 특유의 낯선 용어들 때문에 이해하기 어렵다는 인상을 준다. 실제로 심리학자들과 철학자들 사이에서는 세 번째 형태의 지루함에 대한 해석을 두고 꽤 많은 논쟁이 있어 왔다.

예를 들어 캐나다 캘거리대학교의 고전학자 피터 투이는 지루함의 역사를 서술한 책[8]에서, 하이데거의 심층적 지루함이나 실존적 지루함과 같은 용어들은 경험적이라기보다는 머리로 만들어낸 것이며, 이러한 지루함은 우울과 다를 바가 없다고 비판했다. 반면 노르웨이 베르겐대학교의 철학자 라르스 스벤젠은 이러한 형태의 지루함이 우리에게 말해주는 것은 결국 '의미 부재'이므로 삶의 의미를 재발견하고 스스로 결정함으로써 현대에 만연한 지루함을 넘어서게 하는 중요한 신호라고 강조한다.[9]

한편 미국 루이빌대학교의 철학자 안드레아스 엘피도루Andreas Elpidorou는 하이데거가 지루함을 우리의 근본기분 중 하나로 제시했던 맥락에서 심층적 지루함을 이해해야 한다고 주장한다.

"하이데거가 지루함에 관해 설명하는 맥락에서 중요한 질
문은 '지루함은 무엇이며 우리는 왜 그것을 경험하는가?'
가 아니다. 오히려 '형이상학(혹은 철학)은 무엇이며 철학
함philosophizing이 가능한 조건은 무엇인가?'이다. 이 질문
에 대한 그의 대답은 바로 지루함의 경험이야말로, 우리가
철학을 하고 결국 진정한 우리 자신이 될 수 있도록 촉매
가 되어준다는 것이다. 따라서 지루함에 관한 하이데거의
설명은 그가 애초에 관심 가졌던 질문, '철학은 무엇이며,
우리가 어떤 기분일 때 철학을 가장 잘 추구할 수 있는
가?'와 관련지어 이해해야 한다."10

엘피도루의 풀이를 요약하면, 우리가 진정한 나 자신으로
살아가기 위해서는 '철학함'이 필요하며, 철학을 하기 위해
서는 지루한 기분이 도움이 된다는 얘기가 될 것이다. 애
초에 하이데거가 지루함을 언급한 이유도 이제 좀 명확해
진다. 그는 우리가 경험할 수 있는 여러 가지 지루함의 상
태를 설명하고자 한 게 아니라, 철학함의 조건으로서 가장
본질적이고 근원적인 기분, 지루함을 말하고자 했던 것이
다. 세 번째 '심층적 지루함'이야말로 우리 존재의 근본 조
건이며, 철학을 추구할 수 있는 토대임을 설명하기 위해

첫 번째와 두 번째 형태의 지루함을 대비해 설명했다.

　'지루함'을 가리키는 단어의 뉘앙스와 의미는 나라마다 조금씩 차이가 있다. 프랑스어로 지루함을 뜻하는 앙뉘ennui는 두 가지 뜻을 갖는다. 우선 사랑하는 사람의 죽음이나 부재, 희망의 상실, 불행으로 인한 영혼의 고통이다. 그리고 행동이나 사물에 대한 관심이 없는 영혼에서 느껴지는 일종의 공허함, 치명적인 지루함을 뜻한다.[11] 18세기 중반에 프랑스에서 빈번하게 사용되기 시작한 이 단어는 영어로 boredom이라 번역되었다. 영어에는 공허함과 지루함을 동시에 뜻하는 단어가 따로 없어 19세기에 처음 등장한 용어다.[12]

　영어 보어덤boredom과 프랑스어 앙뉘ennui는 명백히 부정적인 의미를 갖지만, 독일어의 경우는 조금 다르다. 지루함을 뜻하는 독일어 랑그바일러Langeweile는 본래 긴 시간lange Weile이라는 뜻을 갖는다. 지루할 때에는 시간이 느리게 가는 경험을 하는데 이것이 반영되어 있기도 하고, 한편으로는 어떤 생각이나 행동을 천천히 할 수 있는 여유나 겨를이 충분하다는 의미가 포함되어 있다. 독일어권 문헌들을 살펴보면 영어권과 프랑스어권에서의 '지루함'의 의미와 조금 다르게 느껴진다. 독일어의 어원과 문화가 독일 철학자들이나 사회학자들에게 지루함을 좀 더 풍성하게 해석할 수 있는 여지를 주었는지도 모른다. 개념과 언어는 그 시대의, 그 문화권의 특성을 담고 있기 마련이다. 그렇다면 이 근대의 학자들이 탐구했던 지루함이라는 현상은 오늘날 어떻게 달라졌을까? 하이데거가 말한 심층적 지루함은 여전히 우리 존재의 근본 조건이라 말할 수 있을까?

언제라도 스마트폰을 꺼내어 새로운 자극으로 기분을 전환할 수 있는 오늘날, 여기저기 구경하고 돌아다니지만 어디에도 연결되기 힘든 사람들은 지루함을 덮기 위해 또 다른 지루함을 불러들인다. 끊임없이 만들어지는 디지털 지루함은, 존재의 근본 조건인 심층적 지루함을 은폐하여 알아차리기 어렵게 한다. 해야 할 것이 많다고 불평하는 사람들은 사실상 할 일이 없는 상황을 제일 두려워한다. 타인의 기대에 맞춰 사는 것이 힘들다고 하소연하는 사람들은 자기가 원하는 것을 스스로 세우고 인정하기가 부담스럽기 때문에 계속 타인의 기대에 의존해서 살아가고 있는지도 모른다.

하이데거가 인간의 근본기분이라고 했던 불안과 지루함은 삶의 광대함과 복잡성을 함축한다. 삶에는 본래 정해진 것이 아무것도 없다. 그 광대함, 무한한 가능성을 통제하기 위해 우리는 '나'라고 하는 것을 끊임없이 만들어낸다. 하지만 그게 무엇이 되었든 일시적이고 잠정적일 뿐이다. 역할, 특성, 취향, 욕망, 신념, 생각, 감정 등 '나'에 관해 느끼고 생각하고 말하는 것들은 전부 가설에 불과하다. 변하지 않는 본질 같은 것은 없다. 확실한 것 같아도 조건이 바뀌면 이내 달라진다.

'나'는 가설에 불과하며 끊임없이 만들어가는 과정에 있다는 것을 염두에 둔다면, 그 가설을 지키려고 쩔쩔매지 않고 조금은 더 유연하게 대처할 수 있다. 여기에서 저기로 정신없이 징검다리를 건너뛰다가 문득 발이 강물에 빠졌을 때, 피상적인 업데이트가 멈췄을 때 문득 보게 되는 삶의 맨 얼굴이 심층적 지루함이다. 우리 안에 들어 있는 무한함, 어떤 파편으로도 가려지지 않는 광대함이다.

지루함의 시대

> "사회적 교류의 길을 터주는 것은 대상의 존재보다는 대상의 부재일 때가 훨씬 더 많다."
> —— 장 보드리야르[13]

> "디지털 시대의 지루함은, 오히려 우리가 지루하다는 사실을 인식할 수 없다는 특성을 갖는다. 지루함은 더 이상 개인적인 문제가 아니며 자기 관리 실패의 결과도 아니다. 21세기 특유의 시간성의 일부로 이해해야 한다."[14]

캐나다 퀸스대학교의 종교학자 샤데이 모수린존Sharday Mosurinjohn은 하이데거의 '시간성' 개념을 이어받아 지루함의 시대적 맥락을 날카롭게 분석하고 있다.

'공유'와 '개방'을 특징으로 하는 현대의 정보사회는 끊임없이 '정보'를 쏟아내며 우리가 계속해서 보고 클릭하고 업데이트하기를 요구한다. 우리는 하루에도 몇 가지,

혹은 몇 십 가지를 두고 선택을 한다. 어떤 것은 주목하고 어떤 것은 피해갈 것인지 선택해야 하는 순간이 너무나 많아졌다. 선택을 잘하기 위해서는 너무 적지도 않고, 너무 많지도 않은 최적의 정보량이 필요한데 이미 너무 많은 선택에 직면하는 선택 과부하가 일상이 됐다.

로션을 하나 사려고 해도 가격, 성분, 기능, 용기, 향, 제조사, 브랜드 등을 염두에 두며 수십 가지 제품을 놓고 비교한다. 어떤 것을 선택해야 후회가 적을지 생각하는 것이 몸에 배어 있다. 저 먼 옛날 인간이 아직 정착 생활을 하기 이전에는 먹을 게 있으면 머무르고, 먹을 것이 없으면 떠났다. 가질 수 있는 것이 거의 없었기 때문에 비교할 것도 없었다. 먹을 수 있는 것과 먹을 수 없는 것에 관한 지식은 대대로 확실히 전수했겠지만, 낚시하러 강에 들어간 우리의 조상이 '이 생선은 색깔이 마음에 안 들어. 이 친구는 보내주고 다음에 오는 물고기를 잡아야지'라며 무엇을 잡아야 만족감이 클지 고민하며 살지는 않았을 것이다.

물론 물고기가 점차 줄어들어 얼마 남지 않았다면 둘 중 하나는 선택해야 했다. 조금 더 머물러서 아직 남아 있는 기회를 마저 누릴지, 아니면 강 상류로 올라가거나 다른 지역으로 옮겨가 새로운 먹잇감을 찾아볼지. 이처럼 이

미 알고 있는 자원을 이용하거나, 아직 알지 못하는 영역
으로 탐색을 떠나는 것, 탐색explore과 이용exploit 사이에서
최적의 타이밍(지점)을 찾아내는 것은 생존에 매우 중요한
문제였고 진화에도 많은 영향을 끼쳐왔다. 뭔가를 선택할
때마다 필연적으로 발생하는 기회비용을 줄이고자 하는
시도, 노력 대비 이득을 높이려는 시도는 인간을 포함해
거의 모든 동물들에게서 발견된다.[15]

　　인지주의의 관점으로 지루함에 대해 연구해온 제임스
댄커트를 비롯한 일부 심리학자들은 이러한 탐색과 이용
사이에서 균형을 잃었을 때 경험하게 되는 것이 지루함이
라고 설명한다.[16] 갖고 있는 인지적 자원을 완전히 활용하
지도 못하고, 그렇다고 해서 새로운 곳으로 탐색을 가지
도 못하는 상태에서 울려대는 신호라는 것이다.

　　"지루함은 우리의 정신 능력이 최적으로 활용되지 않을
　　때, 즉 우리의 마음이 집중되지 않을 때 발생하는 불쾌한
　　느낌이다. 사실, 상황적 요인은 지루함의 중요한 간접 요
　　인에 불과하다. 원하지 않는 일을 해야만 하는 상황도 있
　　고, 해야 할 일에 대한 괜찮은 선택지가 거의 없는 상황도
　　있다. 핵심은 우리가 처한 상황의 현실을 감안할 때 하고

싶은 일이 없다는 것이다. 지금 하는 일에 전념할 이유를 찾을 수만 있다면 지루하지 않을 것이다. 제약이나 단조로움과 같은 상황적 요소는 지루함의 가능성을 매우 높일 수 있지만 그 자체로 지루함의 직접적인 원인은 아니라고 할 수 있다. 어디에, 무엇에 참여할 것인지 찾지 못하는 것, 참여하고자 하는 욕망의 대상을 명확하게 하지 못하는 것, 그러한 무능력이 지루함의 충분하고 직접적인 원인이다."[17]

그렇다면 이러한 무능력은 어디에서 비롯되는 것일까? 여러 가지 개인적, 환경적 요소들이 관련되어 있지만, 먼저 기회비용의 관점에서 한번 들여다보도록 하자.

댄커트는 다른 연구자들과 함께 어떤 상황에서 사람들이 더 지루해하는지 살펴보기 위해 흥미로운 실험을 했다.[18] 연구 참가자들은 두 개의 방으로 나뉘어 들어갔다. A방에는 의자와 빈 책상만 놓여 있었고, B방에는 참가자들이 상호작용을 할 수 있는 보드와 펜, 종이와 크레파스, 여러 가지 퍼즐, 인터넷이 연결되어 있는 노트북 등 흥미로운 도구와 장치들이 가득 있었다. 하지만 지시된 내용은 같았다. "가만히 앉은 채로 졸지도 말고 15분간 오직 자신의 생각만으로 놀 것."

15분 뒤 연구자들이 들어가 간단한 설문조사를 했다. "지난 15분 동안 얼마나 지루함을 느끼셨습니까?" 참가자들은 1(전혀 지루하지 않았다)부터 9(심하게 지루했다) 사이에 체크하도록 되어 있었다. 결과는 어땠을까?

연구자들의 예상대로, 매력적인 대안이 있지만 쓸 수 없는 B방에 있었던 사람들이 훨씬 더 지루함을 느꼈다. 심지어 참가한 사람의 25%는 견디지 못하고 규정을 어겼다. 가만히 앉아 있지 않고 돌아다니거나 방 안의 도구들을 만졌다. 아무것도 없는 A와 같은 환경보다, 대체 활동을 다양하게 제공하는 B의 환경이 훨씬 더 지루할 수 있다는 것을 뜻한다. 왜 그럴까? 로버트 커즈번과 같은 심리학자들은 이를 기회비용 개념으로 설명한다.[19] 할 수 있는 대안적 활동이 다양하게 존재하는 풍부한 환경일수록 지금 하고 있는 작업의 기회비용이 커지며, 기회비용이 높을수록 지루함을 느낄 가능성도 더 높아진다는 것이다.

비슷한 맥락에서 심리학자 로버트 하키G. R. J. Hockey는 우리에게 "노력 모니터effort monitor가 있어서 현재 추구하고 있는 목표가 대안적 목표와 대비해서 얼마나 가치가 있는지 시시각각 평가한다"[20]라고 말한다.

휴대폰도 보지 않고 이메일도 확인하지 않는 등 기타 모든 행동들을 억압하면서 한 가지 일에 계속 집중을 유지하는 것은, 그 작업이 그만한 가치를 갖는다고 평가하기 때문이다. 그런데 어느 순간 피로해지거나 지루함을 느낀다면 '더 이상은 노력할 가치가 없으므로 그만두라'는, 멈추라는 신호일 수 있다. 이때의 피로나 지루함은 전체를 조망하는 메타인지적 기능을 갖는다. 지루함은 더 중요한 것, 더 흥미로운 것에 노력을 기울이라는 내적 신호로 볼 수 있다. 하지만 대안이 너무 많은 환경에 있다면 각각에 대한 가치를 끝없이 따지고 비교하느라 '선택 과부하로 인한 마비'가 올 수도 있다.

샤데이 모수린존은 너무 많은 정보와 산만한 맥락들 사이에서, 주의를 집중하고 선택하는 것이 점점 부담스럽고 무의미하게 느껴지는 현대 사회의 선택 과부하가 곧 지루함이라고 주장한다. 선택을 하려면 옵션과 기회비용을 파악해야 하는데 실시간 끊임없는 커뮤니케이션과 업데이트로 인해 사람들의 인지적 노동은 쉴 틈이 없다. 스마트폰으로 인해 업무 시간과 사적 시간, 공적 영역과 사적 영역 간의 경계가 흐릿해지면서 사람들은 더 바빠졌다. 정보

량은 점점 증가하지만 그만큼 우리의 인지능력이나 주의
력도 증가하는 것은 아니다. 정보를 이해하고 파악해야 할
시간은 실종되고 정보들만 넘쳐난다. 과잉 정보로 인한 과
잉 선택 부담, 그로 인한 인지적 마비가 지루함이라고 설
명하는 그는, 선택과 지루함, 의미의 위기가 후기 자본주
의 사회의 핵심 특징이라 보았다.[21]

　　또한 그는 흥미롭게도, 사람들이 문자 메시지를 주고
받는 행위가 디지털 시대의 지루함을 이겨내려는 일종의
극복 방법으로 쓰이고 있음을 섬세하게 포착해냈다.[22] '문
자 메시지'란 휴대폰으로 주고받는 기존의 문자 입력 방식
은 물론이고, ○톡, ○챗 등 메신저 앱을 통한 문자 기반의
의사소통을 모두 포함한다. 그의 분석을 한번 살펴보자.

　　"나는 사람들이 메시지를 주고받는 행위를 하나의 리추얼
　　이자 습관으로 본다. 연결성을 강화하면서도, 피할 수 없
　　는 단조로움으로 무뎌지는 경험을 지속적으로 새롭게 해
　　야 하는 상황에서 문자 메시지는, 시간을 관리하면서 자기
　　를 관리할 수 있는 방법인 동시에, 21세기 정보사회 특유
　　의 시간성을 의미하기도 한다."[23]

실시간 함께해야 하는 전화나 대면 만남과 달리, 문자 메
시지는 시간을 굳이 맞출 필요가 없다. 따라서 서로의 에
너지와 시간을 덜 들이면서도 항상 연결되어 있다는 느낌
을 불러일으킨다. 또한 이 연결이 언제든지 활성화될 수
있고, 상대방이 언제든지 이 관계에 참여할 수 있다는 인
상을 주기 때문에 영원한 연결의 느낌마저 형성된다. 주고
받는 내용이 사소하거나 짧다 하더라도, 연결의 경험은 누
구에게나 큰 의미를 남긴다.

　문자 메시지는 시공을 초월해 '함께 있음'을 느끼면서
심리적 고립이나 외로움을 넘어서기 위한 것만이 아니라,
"미래 시간의 구조에 대한 어느 정도의 기대를 확립하는
것"[24]이다. 이 행위에는 내가 보내면 상대방도 무언가를
보내야 한다는 암묵적인 약속이 들어 있다. 즉 가까운 미
래에 응답을 받을 거라는 기대가 있을 때 우리는 상대방에
게 메시지를 보낸다. 그 순간 암묵적인 의무가 서로에게
생겨난다. 맥락에 따라 제한적이기는 하지만 우리는 선택
할 수 있다. 바로 응답할 수도 있고, 시간을 두고 응답하
거나 아예 응답하지 않을 수도 있다. 다정하게 응답할지
사실만 전달할지, 짧게 말할지 충분히 설명할지, 이모티콘
을 보낼지 말지 선택해야 한다. 이런 '선택'은 양가적이다.

사소한 것 같으면서도 중요하고, 자유로워 보이지만 한편
으로는 강제적이거나 억압적인 면도 있다.

　　하지만 무엇보다 메시지에는 전화와 달리 '기다림'이
포함되어 있다. 보내는 행위와 받는 행위, 말하는 행위와
듣는 행위가 시차를 두고 일어난다. 모수린존은 문자 메
시지의 이러한 비동기적asynchronous 특성이 갖는 역설에 대
해 이렇게 설명한다.

　　"다른 사람에게 먼저 손을 내밀면서도 우리는 무언가를 기
　　다리거나, 혹은 아무것도 없는 것을 기다려야만 하는 입장
　　에 놓이게 된다."[25]

모수린존의 분석처럼 문자 메시지는 기대와 기다림을 동
반한다. 물론 대개는 새로운 내용이 없다. 기다려서 받는
응답이라고 해봐야 진부하거나 상투적인 내용, 사소한 것
일 가능성이 높다. 그럼에도 불구하고 문자 메시지는 관계
를 돈독히 다지는 중요한 의미를 갖는데 그것은 의사소통
의 일관성 때문이다. "의미는 차이보다는 반복에서 나올
수 있다."[26]

　　한 사람이 먼저 손을 내밀어 기다림의 시공간을 마련

하고 상대방이 응답하는 순간, 그 간격은 메워진다. 응답
이 과거와 미래를 붙여 나간다. 문자 메시지의 힘은, 내용
그 자체에 있는 것이라기보다는 관계의 연결성과 친밀성
을 잊지 않게 하려는 지속적 갱신에 있다.

디지털 미디어학자 웬디 희경 전은 저서《동일하게 유
지하기 위한 업데이트Updating to Remain the Same》에서 뉴미디
어는 사실상 진부화의 최전선에 존재한다고 주장한다. 우
리는 영원히 따라잡으려 노력하고 동일하게 유지하기 위
해 끊임없이 업데이트한다. 저자는 미디어가 전혀 중요하
지 않은 것처럼 보일 때, 즉 "새로운" 것에서 습관적인 것
으로 옮겨갔을 때 가장 중요해진다고 주장하면서 더 이상
놀랍지 않은 스마트폰이 점점 더 우리 삶을 구조화하고
모니터링하는 현실을 짚어낸다. 새로운 미디어가 우리 삶
에 완전히 스며드는 것은 바로 습관을 통해서다.

습관이란 의식적이고 목표 지향적인 행동으로 시작된
것들이 자동화 영역으로 넘어가는 것을 말한다. 휴대폰을
들여다보고 메시지를 보내는 행위들은 점점 습관이 되어
간다. 일상에 스며들어 '차이 없는 반복'에 가까워질 때, 필
연적으로 '지루함'이 발생한다.

휴대전화를 확인할 때마다 새로운 메시지가 기다리

고 있는 것은 아니다. 주로 없다. 그러나 때로는 소식이 와 있다. 매번이 아니라 일부 행동만 '보상'을 받는다. 그게 언제인지도 알 수 없다. 그래서 계속 확인해야 할 동기가 생긴다. 이것이 바로 심리학에서 말하는 간헐적 강화[27]의 힘이다. 뇌의 도파민 시스템은 우리에게 계속 새로운 것을 추구하게 하기 때문에 완벽한 만족이란 없고 항상 "다음!, 다음!"을 외친다. 따라서 사람들은 어느 정도 스트레스를 받으면서도 계속 확인하고 기대하게 된다. 막상 답장을 받으면 기대에 비해 평범하거나 진부한 내용에 실망하기도 한다. 하지만 관계의 간격이 메워지면서 일종의 안도감을 느낀다. 문자 메시지를 주고받는 행위는, 지루함과 호기심 사이, 반복과 차이 사이에서 아슬아슬하게 균형을 잡으며 지속된다.

우리는 문자 메시지를 주고받는 간격이나 리듬을 빠르게, 혹은 느리게 조절할 수 있으며 완전히 멈출 수도 있다. 문자 메시지는 연결의 순간들을 앞당기거나 지연하고, 때로는 중단하면서 너무 많은 정보로 압도당하기 쉬운 시대에 스스로 속도를 조절할 수 있게 하는 장치다. 모수린 존의 독창적인 해석처럼 우리는 지루함을 습관처럼 피하면서도 스스로 재생산하는 양면적인 태도를 보이는데, 이

는 아마도 정보 과잉, 선택 과부하 시대에 적응하기 위한
방편일 것이다.

엔트레인먼트, 혹은 사로잡힘

"분명 우리는 지루함이 아니라 '지루함들'에 대해 얘기해야 한다."
―― 애덤 필립스[28]

이스탄불에 있는 이븐할둔대학교의 정치학자 에리크 링마르Erik Ringmar는 제1차 세계대전의 기원에 지루함이 관련되어 있다고 생각한다.[29] 지루함과 근대성에 관한 연구를 해온 그는 특히 하이데거의 해법에 깊은 관심을 갖고 있다.

하이데거는 우리가 영문도 모른 채 이 세계로 '던져지듯' 태어나 이미 만들어진 사회적 체계와 기준을 무작정 배우고 타인의 행동과 말과 생각을 따라하면서 살아가기 때문에, 진정한 의미의 삶을 살기는 어렵다[30]고 보았다. 하지만 역사적, 문화적, 사회적으로 정해진 제약들을 그대로 받아들이면서 피상적인 삶을 살다가도, 문득 습관적 행동들을 멈추고 우리 자신의 삶을 재평가하는 기회를 맞닥뜨

릴 수도 있는데 그런 위대한 순간의 하나가 될 수 있는 것
이 바로 불안[31]의 순간, 그리고 지루함[32]의 순간이라고 주
장했다.

링마르는 현대 사회에서 지루함이 주의를 기울이는
방식의 변화로 발생했다고 설명한다. 지루함은 다양한 방
식으로 정의될 수 있고 각각의 정의에 따라 조금씩 다른
원인이 지목될 수 있지만, 일반적으로 지루함이란 주의와
관련된 문제, 즉 주의를 기울이지 못하거나 꺼리는 것이
다. 주의력이 떨어질 때, 다시 말해 아무것도 우리의 주의
를 끌지 못할 때 우리는 지루해지며 주의를 기울이려고 애
쓰는 의식적인 노력조차 아무 소용이 없어진다.

근대화, 도시화로 복잡해진 사회는 우리에게 언제나
무언가에 '주의를 집중하도록' 요구해왔다. 세심하게 주의
를 기울이지 않으면 성공보다는 실패를, 보상보다는 처벌
을 경험할 가능성이 높다. 주의를 기울이지 않고 산다면
적응도 생존도 어려워질 것이다. 따라서 가정과 학교, 직
장과 사회에서 '주의 집중'을 강조하는 것은 당연해 보이
지만 이는 사람들이 정해놓은 제도와 규칙을 잘 따르게
하고 궤도를 이탈하지 않게 함으로써 사회를 통제하는 수
단이기도 하다. 링마르의 관점[33]에서 지루함은 이러한 '주

의 집중' 요구에 저항하는 방식이자 엔트레인먼트entrain-
ment의 붕괴를 뜻한다.

　엔트레인먼트란 복잡계이론에서 비롯된 개념으로, 두
개 이상의 독립적인 진동 프로세스가 서로 동기화하여 공
통 위상 혹은 공통의 주기성을 향해 점차 조정되다가 결
국 하나로 고정되는 현상을 말한다.[34] 따로 움직이던 두
개의 진자가 벽과 바닥의 미세한 진동을 통해 점진적으로
하나의 움직임을 보이게 되는 것이 전형적인 사례다. 이러
한 현상은 생물의 움직임에서 광범위하게 나타난다. 예를
들어 아기가 엄마의 목소리나 동작의 리듬에 동조해 표정
을 짓고 엄마도 아기의 움직임에 동조해 움직이는 것을 보
면 마치 몸짓이 서로에게 그대로 전해지거나 흡수되는 것
처럼 보이는데 이 역시 엔트레인먼트에 해당한다.

　우리가 자발적으로 주의를 기울일 때는 대개 무슨 일
이 일어날지 보고 싶거나 듣고 싶을 때, 혹은 무언가를 느
끼고 싶을 때다. 그 대상이나 상황에 주의가 붙들리고 함
께 움직이면서 '엔트레인먼트'가 일어난다. 어떤 행위에 완
전히 몰두하여 자신을 잊어버리고 하나의 움직임만 존재
하는 '플로우'도 일종의 엔트레인먼트라고 볼 수 있다. 사
랑하는 두 사람이 서로의 감정과 생각에 귀 기울이며 섬세

하게 돌보다 보면 표정과 말투, 몸짓과 성격, 생리적 리듬
까지 서로 닮아 가는데 이런 변화도 마찬가지다.

엔트레인먼트는 신체적으로도 심리적으로도 나타난
다. 링마르는 심리적 엔트레인먼트가 이야기 구조를 통해
일어난다고 설명한다.[35] 우리 마음이 어떤 이야기를 따라
가고 그 안에 담긴 사건과 사람들을 해석하면서 주의를
기울일 때 엔트레인먼트가 일어나는데, 드라마나 영화 혹
은 책이 어떻게 끝날지 궁금해하면서 빠져들 때에는 물론
이고, 심지어 음악을 들을 때에도 그 음악이 우리를 어디
로 데려갈지 알고 싶기 때문에 듣는다는 것이다.

한편, 이러한 매개 없이 즉각적이고 직접적으로 엔트
레인먼트가 일어나는 경우도 있는데, 바로 몸을 통한 엔
트레인먼트다. 우리 몸은 의식하지 않아도 냄새에, 빛에 반
응한다. 몸은 어떤 리듬을 따라가려는 경향이 있다. 예를
들어 숲속에 길이 하나 보이면 자동적으로 길을 따라 걷
게 되고, 깔끔하게 정리된 침대를 보면 갑자기 누워보고
싶어 한다. 성당에 앉아 있으면 기도를 하게 되고, 고즈넉
한 산사에 앉아 있으면 왠지 명상을 하고 싶어지는 것처럼
말이다. 신체적 엔트레인먼트는 세계를 직접적으로 경험
하는 것인 반면, 심리적 엔트레인먼트는 이야기의 주인공

을 통해 간접적으로 경험된다. 주인공에게 동일시해 주인공이 느끼는 것을 느끼고 주인공이 원하는 것을 원하게 된다. 우리는 누구나 엔트레인먼트를 원한다. 무언가에 리듬을 맞추고 하나가 되어 빠져들고 싶어 한다. 바깥의 대상, 혹은 세계에 리듬을 맞추고 하나가 되어 빠져들 때 우리는 자의식을 내려놓을 수 있고, 인지적 노력이나 제어의 부담을 줄일 수 있다.

앞에서 우리는 하이데거가 말한 세 가지 형태의 지루함에 대해 살펴보았는데 이를 심리적 엔트레인먼트 개념으로 분석한 링마르의 설명[36]을 들어보자. 첫 번째 형태, 기차역에서 기차를 기다리며 안절부절못하는 사람은 기차 외에는 아무것도 눈에 들어오지 않는다. 그는 이미 기차 안에 가 있기 때문에 다른 어떤 이야기에도 빠져들지 못한다. 오직 기차만이 그를 지루함에서 구할 수 있다. 기차가 엔트레인먼트의 대상이기 때문에 지루함을 일으키는 원인도 기차요, 해결책도 기차다. 두 번째 파티 사례를 보자. 파티에서는 분명 흥겹게 대화를 나누고 맛있는 음식을 즐겼으면서 다 끝난 뒤 '지루했다'고 말하는 그의 심리는 뭘까? 이때의 지루함은 실제로 느낀 것이 아니다. 파티에서 돌아와 서재의 책상 앞에 선 그는 '저명한 철학자 하이데 거'라는 자기 스토리의 주인공으로서 해야 할 일이 떠올랐 고 파티가 시간낭비로 느껴졌기에 '지루했다'고 인식한다. 이 경우에는 '저명한 철학자'라는 자기 이미지가 엔트레인 먼트의 대상이기 때문에 지루함을 지각하게 된 원인도, 해 결책도 자기 이미지가 된다. 얼른 자기 스토리의 주인공으 로 돌아감으로써 지루함이 해소되는 것이다.

마지막 세 번째 형태, 심층적 지루함에서는 이야기가 전혀 작동하지 않는다. 모든 종류의 이야기가 완전히 무너 진 상태다. 엔트레인먼트에 균열이 간 순간, 이야기가 부 재하는 상황에서는 시간도 무너진다. 링마르는 이를 오랫 동안 복용해온 약의 효과가 떨어진 상황에 비유한다.[37] 사 실상 우리는 이야기에 기대어, 이야기 속에 파묻혀, 이야기 에 취해 살아간다. 모든 꿈과 희망도 기대도 예측도 해석 도 이야기다. 이야기 없는 삶은 상상하기 어렵다. 그런데 이 이야기들이 다 무너져 내렸다면 어떻게 될까?

하이데거는 이러한 때야말로 진정한 자신을 만날 수 있는 때라고 말한다. 불안과 심층적 지루함은 우리를 둘 러싼 세계, 이미 만들어진 타인들의 의미에서 벗어나 자유 로워질 수 있는 기회를 제공한다는 것이다.[38] 기존의 사로잡힘에서 벗어나 새롭게 선택하고 창조할 수 있는 절호의 기회다. 물론 하이데거는, 이것이 결코 말처럼 쉬운 문제는 아니라는 사실을 알고 있었다. 우리 자신이 무엇을 선택하든, 이미 그 안의 상당 부분이 사회적으로 규정되어 있고 결정되어 있다. 출생에서도, 죽음에서도 자유로울 수 없듯 출생과 죽음 사이의 순간들에도 조건과 제한은 있다. 매 순간 우리는 크고 작은 선택을 하며 우리가 한 것들이 결국 내가 된다.

누구나 실패는 피하고 싶고, 손해 보는 일은 하지 않으려 한다. 칭찬받고 존경받고 사랑받고 싶어 한다. 그래서 사회적으로 유리한 것, 생산적인 것, 쓸모 있는 것만 골라서 하다 보면 '모두가 하는 것'을 다만 따라하게 될 뿐이다. 결과적으로 모두 비슷하다. 구별되지 않는다. 정체성이 형성될 틈이 없다. 그래서 고민한다.

'나라는 게 뭐지? 나는 뭘 위해 이렇게 살아온 걸까?'

만약 당신이 사회적 성공이나 안정을 위해 평생 타인에게 맞추면서 소위 생산적인 것, 쓸모 있는 행동만 하려고 애를 써왔다면 이런 질문을 피하기 어려울 것이다.

반면 자기에게 중요한 가치나 의미, 자신의 세계를 발견하기 위해 시행착오를 겪으면서 쓸모 있는 것과 쓸모없

는 것들을 두루 경험한다면, 무엇은 '나'이고 무엇은 '내가
아닌지' 서서히 알 수 있게 된다.

쓸모는 '누구나 하는 것'이다. 사회적 인정을 받기 위
해 하는 것은, 역설적으로 그렇기 때문에 개인적 의미가
생겨나기 어렵다. 무쓸모는 '그럼에도 불구하고 하는 것'이
다. 그다지 유리하지 않아도 할 정도라면 당연히 개인적
의미가 발견될 가능성이 높지 않을까? 그러니 정체성을 찾
으려면, 무엇이 '나다운 것인지' 알아내려면 사회적으로 좋
게 생각되는 스토리에 자신을 무조건 집어넣으려는 경향
성을 때로는 멈추어 보고, 그로 인해 겪게 되는 불안과 지
루함을 음미하고 머물러 보는 경험도 필요할 것이다.

지루함이란 더 이상 사로잡히지 않는 상태이며 모든
인간적 의미가 정지되는 체험이다. 익숙한 것을 낯설게 하
고 하던 것을 그만두게 한다. 무엇보다, 가던 걸음을 멈추
고 바라보게 한다. 그 응시의 끝에서 진정 능동적인, 새로
운 참여가 탄생한다. 농담처럼 들리지만 매우 설득력이 높
은 링마르의 제안은 귀담아 들어둘 만하다.

"오늘날의 소비사회는 끊임없이 충고합니다. 무엇을 어떻
게 먹는지에 주의를 기울여야 하고 너무 많이 마시지도 말

아야 하고, 운동으로 체중을 조절하고 규칙적인 운동으로 근육을 관리해야 합니다. 주의attention는 우리에게 통제권을 주고, 통제권은 삶의 변덕스러움으로부터 우리 자신을 방어할 수 있게 해줍니다. 사실 우리는 마음도 책임져야 합니다. '마음 챙김mindfulness'은 현대 문화에 널리 퍼진 캐치프레이즈로, 불교 수행의 난해한 영역에서 모든 서점의 자기계발 서가로 이동한 지 20년이 되었습니다. 마음을 챙기라는 건 주의를 기울이라는 것입니다. 마음에 주의를 기울이면 마음을 다스릴 수 있고, 마음을 다스릴 수 있으면 삶을 다스릴 수 있다는 것이죠.

한편, 신기술 덕분에 주의를 기울이는 것은 훨씬 쉽고 저렴해졌습니다. 21세기의 삶의 첫 번째 계명은 컴퓨터, 전화, 페이스북이나 트위터에 주의를 기울이는 것입니다. 온갖 뉴스미디어는 모든 일에 대해 실시간으로 지속적으로 업데이트합니다. 모든 것이 보고되어야 하고, 모든 것을 주목해야 하며, 단 하나도 놓치면 안 됩니다. 이 의무를 이행하지 못하면 분노와 불신이 결합된 반응을 보게 됩니다. '어떻게 업데이트를 놓칠 수 있어요? 핸드폰 확인 안 했어요?' 예상할 수 있듯이 현대 사회의 지루함의 역사를 고려할 때, 점점 더 많은 작업에 주의를 기울여야 할 필요성은 우리의 주의력 범위를 증가시키기보다는 감소시키고 있습니다. 우리는 우리의 관심을 사로잡고, 우리를 붙잡아 주고, 우리를 데리고 다닐 수 있는 지속적인 외부 자극에 그 어느 때보다도 더 의존하고 있습니다.

　　여기서 가능한 저항의 한 가지 가능성은 주의 기울이기를 거부하는 것입니다. 뉴스를 따라가지 않고 피드feed에 먹히지 않고 페이스북 상태를 업데이트하지 않는 것입니다. 그저 지루함을 받아들이는 것입니다. 지루함을 믿고 지루함 속에서 쉬어야 합니다. 지루함을 즐기고 누려야 합니다. 이런 것들로부터 우리가 성공적으로 자신을 방어한 후에야 우리는 계속해서 우리의 삶을 재구성할 수 있습니다. 21세기에는 지루한 사람만 자유로우니까요."39

4장

지루함의 근원적 처방

> "지루한 사람들은 자기 삶에 책임지는 것을 피한다. 그로 인해 지
> 루함이 더 깊어진다."
> —— 살바토레 매디1

'지루함, 무관심'을 뜻하는 단어 중 가장 역사가 오래된 단
어는 아세디아acedia다. 이는 그리스어 아케디아akēdeia가 후
기 라틴어 아세디아acedia를 거쳐 그대로 영어가 된 것인데,
본래 '무언가를 염려하다, 마음 쓰다'라는 뜻의 그리스어
명사 '케도스kēdos'에 '없음, 결여'를 의미하는 접두어 '아a-'
가 붙어 만들어졌다. 즉 마음 쓰지 않음, 염려하거나 신경
쓰지 않음이다. 중세 신학에서는 아세디아가 '신에 대한 권
태, 거부, 게으름'을 뜻했기에 일곱 가지 대죄 중 하나였고,
모든 죄악의 뿌리이자 그 어떤 것보다도 무거운 죄로 여겨
졌다.2

아세디아에 관한 오영주의 생생한 묘사를 보자.

"수도원 생활에서 유래한 이 용어는 일명 '정오의 마귀'로 불렸는데, 하루 중 정신이 가장 맑은 정오를 전후한 시간에 마귀가 수도사들을 찾아와 유혹한다고 여겼기 때문이다. 마귀는 해가 영원히 머리 위에 머물러 있을 것처럼 수도사를 유혹하면서 창밖을 내다보기도 하고, 밖으로 나와 햇볕도 좀 쬐라고 속삭인다. 마귀는 수도사로 하여금 현재 기도하고 있는 장소나 정해진 시간의 공동 노동과 같은 수도원의 반복되는 생활에 싫증을 느끼도록 하고 수도원 외의 다른 장소에서도 예배할 수 있다는 식으로 유혹한다. 이처럼 아세디아는 몸이 느슨해져 의욕을 잃고 그래서 지금 해야 할 일을 미루거나 방기하는 것을 가리켰을 뿐 아니라 근본적으로는 그러한 상태가 야기하는 영적인 무관심, 그 무관심으로 인해 추구하지 않고 행동하지 않는 것을 가리켰다."[3]

아세디아는 겉으로 볼 때에는 분명 행동하지 않는 게으름이자 영적 무기력, 싫증과 무관심이지만, 어째서 그들은 그런 상태에 있었는지, 이 현상의 본질이 무엇인지를 설명하는 것은 쉽지 않다. 일례로 중세 유럽의 스콜라 철학을 대표하는 신학자 토마스 아퀴나스는 아세디아의 본질을

게으름보다는 슬픔의 일종으로 보았다. "신에 대한 임무
에 직면하면서 현기증이 나고 겁에 질려 뒤로 물러난 자의
고뇌에 찬 슬픔과 절망"[4]이라 해석했다.

　4세기에 활동했던 수도자 에바그리우스 폰티쿠스Eva-
grius Ponticus에게 아세디아는 극단적 환경에서 비롯된 "정신
적 탈진과 무기력"[5]을 뜻했다. 이 시기의 수도자들은 식량
부족, 수면 부족에 시달리며 극도로 단조롭고 가혹한 환
경에서 살았다. 이로 인해 동료 수행자들에게 분노를 느끼
거나 열악한 생활을 혐오하다가, 다른 곳에서 구원을 찾
기 위해 감방과 같은 수도원을 떠나고자 하는 욕망으로
안절부절못하거나 낙담하거나 무기력에 빠졌다. 한편 아
우구스티누스는 "참회로 이끄는 아세디아와 절망으로 이
끄는 아세디아"를 구별했는데, 이러한 "이중적 측면, 즉 덕
성과 죄악의 변증법에 의해 아세디아는 영혼의 보다 높은
층위로의 고양" 가능성을 보여주는 듯하다.[6]

　피터 투이가 지적했듯,[7] 아세디아가 종교적 수행을 하
는 사람들에게서만 발견되는 현상은 아니었으며 그 강도
나 증상 역시 지역마다, 사람마다, 시대마다 조금씩 다르
게 나타났기 때문에 몇 마디로 규정하거나 요약할 수 없
다. 오늘날의 지루함 역시 마찬가지다. 누가, 언제, 어디서,

어떻게, 왜 경험하는지 맥락에 따라 지루함은 조금씩 다른 특성을 갖는다. 앞에서 살펴본 것처럼 지루함은 단일한 감정이 아니라 여러 가지 차원으로 이루어진 현상이기 때문이다.

그럼에도 모든 지루함에는 공통점이 존재하는데, 그것은 바로 자신, 혹은 세상과 잘 연결되지 못하는 마음이다. 삶을 허비하는 것 같은 초조함, 뭔가 더 중요한 일을 해야 할 것 같은 불안감은 가득한데 실행하지 못하거나 참여하지 못할 때 우리는 지루함을 느낀다.

지루함, 권태 혹은 싫증을 느끼는 경험을 부끄럽게 여기거나 일종의 죄의식을 갖는 것은 특히 중세 기독교의 문화적 영향으로 볼 수 있다. 근대 이후, 신이 아닌 인간을 중심에 두는 사고가 발달하면서 계몽주의와 낭만주의 문화가 피어났고 개인의 인권, 감정, 욕망이 중시되면서 '지루함'을 바라보는 시각도 점차 다양해졌다.

"현대 심리학은 아세디아의 본래 의미를 너무 덜어내 자본주의적 노동 윤리에 반하는 죄로 만들어버렸다"[8]라고 주장하는 이탈리아의 철학자 조르조 아감벤의 날카로운 통찰은 특히 귀 기울여 들어볼 만하다. 일종의 '과학'이 되기 위해 정량적 연구에 치우친 현대 심리학은 개념을 정의

하고 측정하는 것에 집착한다. 그래서 '무엇이 지루함인가?'에 대한 논의는 많이 이루어졌지만, 지루함의 의미나 본질이 무엇인지에 대해서는 말을 아끼는 경향이 있다. 심리학자들은 지루함을 하나의 증상으로 바라보고 그 원인과 해결책을 찾는 데 주력하거나, 아니면 지루함이 갖는 긍정적 기능에 초점을 맞추어 지루함을 다른 관점으로 바라보고 유연하게 대처할 수 있도록 애쓴다.

"우리가 욕망하지 않는 것은 희망이나 절망의 대상이 될 수 없다"라고 했던 아퀴나스는 아세디아를, 더 이상 욕망하지 않거나 관심을 잃어 싫증과 지루함을 느끼는 상태로 보지 않았다. 오히려 신에게 다가가려는 필사적인 욕망으로 좌절하고 끝없이 절망하는 자의 고통으로 해석하였다. 아감벤은 여기서 한발 더 나아간다.

"신학적 의미에서 나태한 사람에게 결여된 것이 구원이 아니라 구원으로 가는 길이라면, 심리학적 의미에서 나태한 사람의 후퇴는 욕망이 사그라짐을 보여주는 것이 아니라, 그 대상을 얻을 수 없게 됨을 드러내는 것이다. 대상을 원하면서도 그로 이어지는 방법은 원치 않는, 대상을 욕망하면서 동시에 스스로 그 길을 가로막는 의지의 왜곡이다."9

원하는 대상이나 목적지를 향해 나아가고 싶지만 나아갈
수 없다면, 자신이 그럴 만한 자격이 없다고 믿거나 그 방
법을 모르거나 혹은 자기 역량으로 가능하지 않기 때문일
것이다. 어쩌면 그 대상을 영원히 손에 닿지 않는 곳에 두
고 자신을 멀리 떨어뜨려 놓음으로써, 대상에 대한 가치와
욕망을 지속적으로 드높이려는 무의식적 전략일지도 모
른다. 갖지 못한 것은 잃어버릴 수 없으며, 도달하지 못한
곳에 대한 열망은 영원한 동력이 될 테니 말이다.

　　따라서 아세디아는 욕망의 대상으로부터 도망치는
것처럼 보이지만 동시에 대상을 향한 비행이며, 부정과 결
핍의 형태로 끊임없이 대상과 소통을 시도하는 몸짓이다.
아감벤이 풀이한 대로, "아세디아의 애매모호한 부정적 가
치는 이런 식으로 결핍을 소유로 역전시킬 수 있는 변증법
적 활기가 된다."

　　아세디아의 변증법적 특성에 초점을 맞춘 아감벤의
해석은 분명, 프랑스의 문학평론가 르네 지라르가 말한
'욕망의 삼각형 이론', 혹은 '모방이론'과 일맥상통하는 면
이 있다. 인간의 모든 욕망은 타인의 욕망을 모방한 것이
며, 우리가 열정적으로 모방하는 제삼자에 의해 암시받은
것이라고 보는 이 이론은 욕망의 본질과 역설에 관한 흥미

로운 점들을 보여준다.

　우리는 의식하든 의식하지 못하든, 대개 나보다 더 장점이나 매력이 많은 사람을 모방하려 한다. 이러한 모방적 욕망은 본질적으로 존재의 욕망이자 더 완벽하고 완전해지려는 욕망[10]이기 때문에 충족을 모른다. 그토록 원하던 목표나 대상도 이루고 나면 잠시 기쁠 뿐이고 이내 불만과 실망이 찾아든다. 달성하기 전에는 그렇게 간절하고 중요하게 느껴지다가, 막상 얻고 나면 별 것 아닌 것처럼 생각되어 다른 것을 찾아 나선다.

　"삶에는 다만 두 가지의 비극이 있다. 하나는 원하는 것을 얻지 못하는 것, 그리고 다른 하나는 그것을 얻는 것."[11]

오스카 와일드의 표현대로 욕망하는 대상을 얻지 못하는 것도 비극이고 얻는 것도 비극이다. 얻지 못하면 괴롭지만, 얻으면 시들해진다. 손에 넣는 순간 그 대상을 향해 나아가던 동력을 잃어버린다. 끝없이 뭔가를 추구하는 인간의 속성상 늘 목표와 대상이 필요한데, 도달해버리면 목적지로서의 가치는 사라진다. 그 대상이나 목표의 가치가 실제로 떨어졌기 때문이 아니라, 그 추구가 완료되었기 때문이다. 추구의 욕망, 모방의 욕망, 존재의 욕망은 '아직 손에 넣지 않은' 새로운 대상이나 목표를 끝없이 갈구한다. 그래서 우리는 만족하기 어렵다. 끝없이 대상을 바꾸어나가며 질주할 뿐이다. 자신을 완전히 채워줄 대상을 '아직' 만나지 못했다고 생각하지, 자신의 욕망 자체가 허구임을 깨닫지 못한다.

얻기 위해서 경쟁하고 싸우다가도 막상 얻고 나면 별 것 아닌 것처럼 여기게 되는 모방. 계속 추구하기 위해 일부러 손에 닿지 않는 곳에 멀찌감치 떨어뜨려 놓는 아세디아. 지라르의 모방이론이 말하는 욕망의 본질과 아감벤이 해석한 아세디아의 본질을 연결해보면 우리가 겪는 '지루함'을 새롭게 바라볼 수 있다.

우리 삶은 끊임없는 움직임이며 늘 무언가를 추구한다. 물론 도파민 시스템의 기능과 조건에 따라 개인차가 있기는 하지만, 인간이라면 누구나 새로운 것을 추구하고 탐색하려는 본능이 있다. 이러한 여정을 지속하고 계속 앞으로 나아가게 하려면 효과적인 목표, 매력적인 목적지가 필요하다. 목적지에 도달하고자 하는 마음, 스스로 그 목표, 혹은 대상이 되고자 하는 마음이 곧 욕망이다.

　욕망이 없다면 희망도 없고 절망도 없을 것이다. 지루
해하는 사람들은 목표나 대상이 되고자 하는 마음, 곧 욕
망은 있으나 이에 대해 명확히 알지 못하거나 그 방법을
모르거나 혹은 동력을 잃어버린 사람들이며 이때 정말 필
요한 것은 다양한 해결책이 아니라 '인식의 전환'이다. 욕
망은 본래 충족을 모른다. 또 다음 목표, 또 다른 대상을
계속 찾아다니는 것은, 탐욕스러워서라기보다는 우리 뇌
의 특성 때문이다. 생존을 위해 끊임없이 예측하는 뇌는
적응하고 학습하는 과정에서 비용을 줄이기 위해 익숙한
것, 지속되는 것에 덜 민감하게 반응한다. 우리 뇌는 필연
적으로 지루함이라는 부산물을 낳을 수밖에 없다. 따라서
욕망의 내용에 속을 것이 아니라, 욕망 그 자체를 의심해
보아야 한다.

　인간은 사냥감 때문에 사냥을 하는 것이 아니다. 사
냥하기 위해 사냥감을 필요로 한다. 사냥감은 잡히기 전
까지만 의미가 있고, 끝없이 달리려는 인간은 이내 다음
목표를 원한다. 욕망은 언제나 대상을, 목표를 기다린다.
우리는 늘 누군가를 모방할 준비가 되어 있다. 더 나은 대
상을 찾아 끝없는 모방으로 학습을 거듭해 사회적으로 유
리한 위치를 점할 수는 있을 것이다. 욕망을 부풀리며 질

주를 계속 부추길 수도 있다. 하지만 내적 만족은 그러한
경로에서 찾을 수 없다.

삶은 다만 끝없는 움직임이며 하나의 여정이라는 것,
사실은 도달하기 위해서가 아니라 움직이기 위해 목적지
가 필요하며 그때의 목적지도 하나의 상징에 불과하다는
사실을 깨닫는다면 욕망의 내용에 고착되어 여정의 순간
들, 일상의 위대한 순간들을 놓치는 어리석음은 덜 범하게
될 것이다.

궁극의 목적지를 위해 여정이 있는 것이 아니다. 우리
는 태어나는 순간부터 이미 세상을 향해 움직이고 있었고,
움직여야만 한다. 그러한 움직임이 지속 가능한 여정이 되
도록 하기 위해 목적지가 있다. 더 정확히 말하자면, 여정
과 목적지는 둘이 아니다. 때로는 명확하게, 때로는 모호
하게 느껴지더라도 여정 안에는 이미 목적지가 포함되어
있다. 목적지는 여정의 분위기가 된다.

◦ 케어

"지루함의 본질은, 무슨 일이 일어나고 있는지 관심이 없다는 것
이다."

—— 해리 프랭크퍼트12

우리는 앞 장에서 '지루함, 무관심'을 뜻하는 단어 중 가장
오랜 역사를 가진 '아세디아'에 대해 살펴보았다. 그리스어
에서 출발한 이 단어는 '마음 쓰지 않음, 염려하거나 신경
쓰지 않음'이라는 의미를 갖는다.

지루함은 곧 '케어care하지 않음'이다. '케어'에는 돌봄,
보살핌, 걱정, 관심, 배려 등의 의미가 포함되어 있다. 철학
적 예리함과 재치가 가득한 책《개소리에 대하여On Bullshit》
의 저자로 널리 알려진 도덕 철학자 해리 프랭크퍼트는
'케어'를 지루함의 처방으로 제안한다. 당장의 목표goal는
있으나 최종 목적end이 없는 사람은 지루해지기 쉽다. 일
시적 호감이나 흥미, 혹은 욕망으로만 움직이기 때문이다.

그는 어떤 대상을 향해 진지한 관심을 기울이고 소중히 여기고 돌볼 때 비로소 지루함에서 벗어날 수 있다고 주장한다.[13] 어떤 대상에 대해 관심 갖고 마음을 쓰는 만큼만 삶의 의미도, 정체성도 만들어진다는 것이다. 그가 말하는 '마음 씀'이란, 좋아하는 것도 원하는 것도 아니며 가치 있다고 판단하는 것도 아니다.[14] 그의 설명을 들어보자.

> "무언가를 욕망하거나 그것이 가치 있다고 생각하는 것은 일시적이다. 욕망과 신념은 지속성을 지니지 않는다. 즉 원한다거나 믿는다는 것의 본성 중 어떤 것도 지속성을 요구하지 않는다. 하지만 소중히 여김, 돌봄이라는 개념은 행동의 일관성 혹은 안정성을 포함하며 이는 어느 정도의 지속성을 전제로 한다."[15]

욕망은 그 대상을 계속 바꿔가며 끊임없이 움직이는 속성이 있다. 하지만 소중히 여기는 대상은 한 번에 여러 가지일 수도 없고 일시적일 수도 없다. 따라서 그 대상이 무엇이든 간에 소중히 여기고 돌보는 행위는 삶의 방향과 특성을 만들어낸다. 프랭크퍼트는 '사랑'을 '마음 씀caring about'의 특수한 형태로 정의하기도 하고, 맥락에 따라서는 두 개념을 같은 의미로 사용하기도 한다.

사람들은 흔히 사랑을 하는 것보다 받는 것을 더 선호한다. 사랑하는 것은 자신이 갖고 있는 자원이나 시간, 에너지, 노력, 혹은 관심을 주는 것이니까 일종의 투자처럼 여기고 그 대상이 그럴 만한 가치가 있는지를 따지는 것에 익숙하다. 반면 사랑받는 것은 내 노력이 들어가는 것이 아니고 '내가 괜찮은 사람'이라는 느낌, 혹은 자기애적 고양감을 불러일으키므로 누구나 좋아한다. 물론 상대방에게 다른 의도가 있다고 생각되어 믿지 않거나, 자신이 사랑받을 자격이 없다고 생각하거나, 아무런 호감이 없는 사람으로부터 뜬금없는 관심과 애정이 쏟아지면 부담스럽고 의아하게 여길 수도 있다.

이득과 손해에 매우 민감한 후기 자본주의를 살아가는 우리들은, 모든 관심이나 마음 씀에 어떤 '욕망'이 들어 있다고 생각하는 것에 익숙하다. '사랑'이라고 말하지만 사실은 '욕망'일 때가 더 많다. 누군가가 자신에게 중요한 영향을 끼칠 만한 능력이 있다고 생각될 때 그 사람에게 마음을 쓰기 시작한다. 반면 그러한 능력이 없다고 판단하면 마음 씀을 그만둔다. 하지만 돌아보니 그 판단이 잘못된 것이었을 때, 그럴 이유가 없었는데 자신이 지나치게

마음을 많이 쓰고 관심을 가졌다거나, 관심을 기울였어야
했는데 너무 적게 마음을 썼다고 생각하면서 스스로를 질
책하고 비난하기도 한다.

하지만 대상의 어떤 특징이나 능력, 가치나 중요성 때
문에 우리가 마음을 쓰고 돌보고 사랑하는 것은 아니다.
프랭크퍼트의 설명에 따르면, 내가 어떤 것에 마음을 쓸
때에는 그 대상이 그만큼 가치 있거나 중요해서라기보다
는, 오히려 그 반대가 사실에 가깝다. 내 '마음 씀'으로 인
해 그 대상이 내게 가치 있고 중요해지는 것이다. 마음을
쓰기 때문에 그 대상이 내게 중요한 의미를 갖는 것이므로
내가 관심을 거두면 더 이상 중요한 방식으로 나에게 영향
을 미치지 않게 된다.

우리가 마음을 쓰고 돌보는 만큼만 누군가가, 무언
가가 중요해진다. 마음 씀이라는 연결을 통해 대상이 내
세계의 일부가 되기 때문이다. 사랑은 대상이 있어야 가능
한 작용이지만, 근본적으로는 자기 세계를 만드는 일이다.

전지전능한 신의 사랑은 무조건적이고 절대적이며 제
한이 없다. 모든 생명을 똑같이 사랑한다. 프랭크퍼트는
차별 없이 누구나 공평하게 사랑하는 것은 신의 영역이며
우리 인간의 유한한 본성에 맞지 않는다고 강조한다. 다

만 우리는 상대방의 존재 그대로를 사심 없이 사랑할 수
있다. 어떤 존재를 사랑하게 될지는 결정할 수 없지만, 일
단 그러기로 의지를 냈다면 그 대상에게 진심으로 마음을
쓰고 돌보는 행위를 통해 참사랑을 실현할 수 있다. 사랑
을 감정이 아니라 의지라고 규정하는 프랭크퍼트는 사랑
의 네 가지 특징을 이렇게 정리했다.[16]

첫째, 사랑은 가장 기본적으로 상대방의 행복에 대한
사심 없는 관심으로 구성된다. 내게 이익이 되거나 내 욕망
을 충족시켜 주기 때문에 일시적으로 흥미를 느끼는 것은
사랑이 아니다.

둘째, 사랑에는 특정한 대상이 있다는 점에서 보편적
친절이나 이타심과는 다르다. 사랑하는 사람과 거의 똑같
이 생겼고 비슷한 점을 많이 갖고 있다고 해서 그 사람으
로 대상이 대체될 수 있는 것도 아니다.

셋째, 사랑하는 사람은 그 대상과 자신을 동일시한다.
상대방이 잘 되면 자신이 잘 된 것처럼 기쁨을 느끼고, 상
대방이 아프거나 힘들어하면 고통스러워한다. 우리는 사
랑 앞에 자신을 내어놓고 그로 인해 인도되고 성장하도록
내맡긴다. 마음 씀은 우리를 삶과 깊게 연결해 우리 자신
을 창조하기 때문에, 결국 자아를 구성하는 과정이 된다.

넷째, 사랑은 그 대상을 마음대로 결정할 수 없다. 우리가 무엇을 사랑하고 무엇을 사랑하지 않을지는 우리에게 달려 있지 않다. 사랑은 선택의 문제가 아니라 우리의 통제 밖에 있는 다양한 조건들에 의해 결정된다.

신카이 마코토 감독의 애니메이션 영화 〈스즈메의 문단속〉에는 '사랑'이라거나 '사랑한다'는 말이 단 한번도 등장하지 않지만, 참된 사랑의 본질을 어떤 영화보다도 잘 포착하고 있다. 재난으로 엄마를 잃고 이모와 단 둘이서 살아온 스즈메는 어느 날 우연히 소타를 마주치고, 이후 걷잡을 수 없는 운명의 여정을 헤쳐나가게 되는데, 여기에는 다양한 형태의 사랑이 등장한다.

언니의 마음을 헤아리며 조카를 헌신으로 키우느라 자기 삶은 뒷전이었던 이모 타마키의 사랑, 그런 타마키를 혼자 좋아하며 말없이 뒤에서 지켜주는 오카베의 사랑, 어릴 적 엄마를 잃고 깊은 상실감으로 살아온 스즈메의 소타에 대한 사랑, 사람들을 재앙으로부터 구해야 한다는 마음으로 자신의 역할에 전력투구하는 소타의 사랑, 친절하게 대해줬던 스즈메에 대한 고마움으로 자기 몫을 다하며 재앙을 마무리하는 데 끝까지 돕는 다이진의 사랑, 친구 소타에 대한 염려로 스즈메와 타마키를 목적지까지 안내하며 돌보는 세리자와의 사랑, 그리고 우연히 길에서 만난 사람들의 잔잔한 돌봄과 사랑이 영화를 가득 채운다.

어느 누구도 자기에게 온 사람을 거부하거나 거절하지 않는다. 운명처럼 묵묵히 받아들이고 손 내밀고 그 손을 잡는다. 마치 어려움에 처했던 과거의 자신을 보는 듯한 얼굴로 모두가 스즈메를 돕고 스즈메 또한 그렇게 소타를 돕는다. 상대방의 어려움을 자신의 어려움으로 받아들이고 함께 헤쳐나갈 방법을 찾는다.

프랭크퍼트가 말한 세 번째 조건처럼 "사랑 앞에 자신을 내어놓고 그로 인해 인도되고 성장하도록 내맡기는" 등장인물들은 서로가 서로를 구하는 일에 있어 조금도 주저함이 없다. 이는 첫 번째 조건, 상대방에 대한 "사심 없는 관심" 때문이다. 사랑은 근본적으로 삶의 의미를 만들려는 마음이며 그 대상이 누구든, 무엇이든 간에 온 마음을 다하는 것이다.

많은 사람들이 삶의 의미나 방향을 찾으려 하지만 흡족한 답을 구하지 못한다. 왜 그럴까? 의미는 욕망처럼 '얻으려는' 마음으로 구할 수 있는 것이 아니기 때문이다. 뭔가를 더 확보하고 예측하고 통제하려는 마음으로는 구할 수 없다. 의미는 내가 만드는 것이 아니다. 무언가와, 혹은 누군가와 연결되는 과정에서 자연스럽게 생겨난다. 그 연결을 지속하는 방법이 마음 씀이고 사랑이다.

"인간의 위대한 점은 인간이 목적이 아니라 다리라는 점이다. 인
간의 사랑스러운 점은 건너가기도 하고 내려가기도 한다는 것
이다."

—— 프리드리히 니체17

니체의 책《차라투스트라는 이렇게 말했다》에는 순수한
연결의 순간이 잘 포착되어 있다. 시장은 줄타기 묘기를
구경하려는 사람들로 붐빈다. 광대가 밧줄 위를 걸어가기
시작했고 군중의 시선은 일제히 광대의 발을 향한다. 그런
데 잠시 후 또 다른 광대가 등장했다. 더 아슬아슬한 재미
를 선사하기 위해 등장한 두 번째 광대는 첫 번째 광대를
느리다고 조롱하며 바짝 추격한다. 휘청거리는 밧줄 위로
두 광대의 묘기가 펼쳐지고 군중은 넋을 잃고 바라보는
데, 어느새 두 번째 광대가 한 걸음 차이로 첫 번째 광대를
따라잡기에 이르렀다. 묘기가 절정에 달한 순간, 모두의
예상을 뒤엎고 두 번째 광대는 자기 앞을 가로막고 있던

첫 번째 광대 위로 훌쩍 몸을 날려 뛰어넘는다. 허공을 날아오른 두 번째 광대는 다행히 밧줄 위로 무사히 안착했다. 하지만 그 모습을 보고 놀란 첫 번째 광대가 당황하며 허둥거리고, 이내 발을 헛디뎌 추락하고 만다. 땅으로 내동댕이쳐진 광대는 심한 상처를 입어 의식을 잃었다. 그 사이 광대의 묘기에 열광하던 군중은 모두 떠나고 없고, 죽어가는 광대 곁에는 차라투스트라만 남았다. 잠시 후 눈을 뜬 광대에게 차라투스트라는 잘 묻어줄 것을 약속하며 그 자리에 앉아 밤을 맞이한다.

니체의 말처럼 인간은 자기에게서 끝나는 존재가 아니라 '건너가는 존재'이며, 목표를 달성하면 끝나는 도구가 아니라 '무한히 연결하는 존재'이다. 사실 인간만 그런 것은 아니다. 생명체에게는 지금-여기 드러난 형태나 성질이 전부가 아니다. 유전 정보와 구조를 세대에서 세대로 전달하며 끝없이 이어나간다는 점에서, 모든 생명체는 시공간을 가로지른다. 우리가 보고 말하고 행동하는 것 하나하나가 진화와 발달, 집단의 역사를 연결한다.

하지만 우리는 자신을 세상과 동떨어진 하나의 점처럼 생각한다. 시공간을 초월한 연결은커녕 지금-여기에서

의 연결조차 실감하지 못한다. 외로움, 고립감, 소외에 대
한 두려움이 일반적인 경험이 되었다. 자신의 쓸모와 기능,
유능함, 생산성에 집착하는 현대인은 늘 바쁘지만 혼란스
럽고 불만족스럽다. 소비주의로 포화된 현대 문명은 우리
자신이 하나의 '다리'라는 사실을 망각하고 소비력, 생산
력을 높이기 위해 끝없이 업데이트되는 '목표'와 해야 할
일들의 목록으로 자신을 이해한다. 서로 '돈 되는 기능',
'유용한 기능', '사람들을 편하게 해주는 기능'에만 관심이
있다. 자신에게도, 타인에게도 연결되지 못하는 사람들은
만성 불안과 우울을 앓는다.

　　밧줄 위에서 곡예를 하는 광대의 기능에만 흥미를 보
였던 군중은, 광대가 추락해 기능이 사라지자 관심을 거두
었다. 현대인이 맺는 대부분의 관계는 이 수준에 머물러
있다. 이른바 '기브 앤 테이크give and take'의 관계, 이익을 주
고받는 관계, 기능만 취하는 관계는 서로 쓸모 있는 동안
에만 유지된다. 유용성이 없어지면 사라지는 관계다. 프랑
스 철학자 질베르 시몽동은 이런 관계를 개체상호적inter-
individuel인 것이라 불렀다.[18] 개체상호적 관계는 주로 기능
적이며 상대방과의 상호작용에서 서로의 이익을 추구하는
것에 중점을 둔다. 각 개체는 자신의 목표를 달성하기 위

해 상대방과 상호작용할 뿐이며 개체의 특성을 그대로 보
존하려는 의도가 있기 때문에 어느 정도 폐쇄적이다. 새로
운 것이 생성되거나 형성되지 않기 때문에 진정한 의미의
관계라 할 수 없다.

이에 반해 서로 공감하고 변화시키고 성장시킬 수 있
는 관계는 개체초월적인 것le transindividuel이다. 쓸모가 사
라지자 사람들로부터 외면당하는 광대, 평생 사람들을 웃
기려고 애쓰다가 추락해 죽어가는 광대에게 차라투스트
라가 느낀 것은 보편적 인류애와 연민이다. 개체초월적 경
험은 연결의 순간 시작된다. 아무런 의도나 사심 없이 있
는 그대로의 존재를 만나는 것이 순수한 연결이다. 시몽동
은 개체초월적인 것이야말로 새로운 의미와 가치를 창출
할 수 있는 진정한 집단이자, 참된 관계라고 보았다. 개체
상호적 관계가 개체성을 확인하고 보존하는 수준에서 그
친다면, 개체초월적 관계는 개체를 확장시킴으로써 개체
를 넘어선다. 시몽동이 말한 개체초월적인 특성은 니체가
말한 다리와 유사하다. 우리말로 '초월'이라고 하면 '뛰어
넘는 것'을 뜻하지만, 본래 'trans-'는 가로지르기, 횡단의
의미를 포함한다. 개체초월성이란, 보통의 인간을 뛰어넘
는 위대한 사람이 되어야 함을 뜻하지 않는다. 오히려 진

정한 의미의 자기 되기를 뜻한다. 자기가 되기 위해 관계가 있다. 관계는 감정을 일으키기 때문에 종종 힘들고 어렵게 느껴지지만, 그 과정에서 우리는 자신을 발견하고 성장시키며 만들어간다. 우리 안에는 개체초월성을 추구하는 잠재력이 항상 남아 있어서 관계를 찾는다.

인간에게서 가장 놀라운 것은, 우리 자신이 하나의 '다리'로서 가치들을 연결하고 증폭시킨다는 사실이다. 미소와 친절, 배려와 사랑을 증폭시킬 수도 있는 반면, 공격성과 시기심, 미움과 혐오를 증폭시킬 수도 있다. 개체로서의 인간은 죽음으로 사라질 수 있어도, 그가 연결하고 증폭시킨 가치들은 사라지지 않는다. 좋은 관계에서 우리가 경험하는 빛나는 순간들은 영원히 남으며, 생각과 말과 행동은 사람들 사이를 돌고 돌아 멀리 전파된다. 아주 짧은 시기를 살았다고 해도 흔적을 남긴다는 의미에서 인간은 이미 무한이다. 영원불멸의 작품을 남기거나 거대한 기념비를 세워서가 아니라, 서로 만나고 부딪치며 변화시키고 스며들어서 무한이다.

우리는 그렇게 예상할 수 없는 방식으로 어딘가에 남으며, 인간은 오직 다른 인간과의 관계를 통해 서로의 경험과 마음을 구성해간다. 따라서 관계가 없다면 마음도 없다. 오늘날 많은 사람들의 마음이 황폐해지는 것은 관계가 사라지고 있기 때문이다. 무수히 얽힌 피상적 연결망으로 서로를 소비하느라 바쁜 현대인에게 관계는 이제 매우 희귀한 것이 되었다.

디지털 기반의 현대사회는 점점 더 많은 것을 정확히 예측하고 잘 통제하는 것을 추구한다. 그 덕에 편리한 일상을 누리는 면도 있지만, 당연히 그림자도 있다. 불확실성을 견디는 힘이 과거보다 훨씬 떨어졌다. 결과를 빨리 알고자 하는 조급한 마음에 현대인은 기다리지 못한다. 제한된 돈, 시간, 체력, 인지적 노력으로 최대한 이루고 얻어내야 하기 때문에 효율이 떨어지거나 효과가 없는 일은 하지 않으려 한다.

그러다 보니 '생산성'에 집착하게 되고 자신의(사실은 사회문화적인) 목표대로만 가려 한다. 이에 방해가 되는 것은 피하려 든다. 불편한 것, 혼란스러운 것, 불일치하는 것들은 무의식적으로 억압하고 회피하며 자신의 경험을 통제하려는 경향이 늘어난다. 새로운 것을 배우고 경험하고 싶어 하면서도 그 시간이 생산적이어야 하기 때문에 무엇을 확실히 얻었는지 검열하고 계산한다. 관계 역시, 자신을 지지하며 기분 좋게 해주거나 실제로 도움이 되는 자원들 중 하나로 이해한다. 서로의 자아에 상처내지 않으면서 좋은 말만 해주는 피상적인 관계를 좋은 관계로 착각한다. 자신에 대해서도, 타인에 대해서도 실제 있는 그대로 경험하지 않고, 인위적으로 노력해 '좋은 경험'만 하려 하니 관계에 대해 방어적이고 폐쇄적인 태도를 취하게 된다.

많은 이들이 관계를 어렵다고 하지만 그런 경우의 대부분은 관계가 자신의 기대와 예상대로 흘러가지 않기 때문이다. 인정받으려고, 이해받으려고 애쓰는 사람들은 누구를 만나도 서운하고 금방 상처를 받는다. 이런 경향성을 알아차리고 그대로 뒤집으면 좋은 관계의 조건이 된다. 타인에게서 느껴지는 감정과 생각을 너무 당연하게 받아들여서는 안 된다. 누구나 자기중심성이라는 필터를 끼고 있어서 왜곡된 마음으로 상대방을, 세상을 바라보기 때문이다. 관계에 대한 기대, 상대방을 향한 감정과 욕망 한가운데 자리한 자기중심성을 간파하고 끊어낼 때 비로소 자신과 세상을 있는 그대로 볼 수 있다. '나'를 지키고 세우려는 긴장을 잠시 멈추고 한 계단 내려갈 때 우리는 존재를 가로지르는 연결 안에 있다.

° 공명과 네거티브 능력

"통제할 수 없는 것을 마주할 때, 오직 그때에만 우리는 진정으로 세상을 경험한다."

—— 하르트무트 로자[19]

사회적 가속화에 관한 밀도 있는 이론[20]으로 유명한 독일의 사회학자 하르트무트 로자는 오늘날 사람들이 아무리 풍요로운 생활을 누려도 금방 지겨워지고 다시 불만족에 빠지게 되는 이유가 '소외'에 있다고 보았다. 경쟁과 자원 투쟁에 익숙한 현대인에게는 인간관계조차 하나의 자원으로 간주된다. 인맥이 얼마나 좋은지, 자신이 얼마나 매력적인지, 사람들에게 얼마나 많은 관심과 애정을 받고 있는지 늘 신경 쓰고 과시하기 바쁘다. 관계에 '자원관리'의 차원으로 접근하기 때문에, 타인에 대한 관심이 피상적인 수준에 그치며 진짜 관계와 만남은 점점 더 줄어든다.

"소외는 주체와 세계가 서로 내적으로 연결되어 있지 않
고, 무관심하고, 심지어 적대적임을 발견하는, 관계 없는
관계를 의미한다. 이러한 관계 방식 자체가 공격적인 관계
의 씨앗을 포함하고 있다."[21]

소외되지 않으려고 기를 쓰며 온갖 자원을 확보하려는 사
람들의 끝없는 추구는 일상을 '관계 없는 관계'들로 가득
채우기 때문에 결국 소외를 낳게 된다는 아이러니한 상황
을 날카롭게 포착해내면서, 그는 해결책으로 '공명'을 제
안한다.[22]

"기억과 기대는 본질적으로 우리의 두려움과 욕망의 구조
와 연결되어 있기 때문에 모든 일대기는 아마도 '공명의
오아시스'를 찾고 '소외의 사막'을 피하는 이야기로 이해할
수 있을 것이다."[23]

그는 인간의 모든 행위들이 공명에 대한 열망과 소외에 대
한 두려움이라는 두 가지 근본적인 원동력에서 비롯된다
고 말한다. 그가 말하는 공명이란, 누군가 혹은 무언가에
내적으로 연결되는 경험이자 우리 마음이 활짝 열려 활기

있는 상태를 말한다. 친구와 대화를 나누다가 깊이 공감할 때, 책을 읽다가 '아하!' 하고 무릎을 칠 때 우리는 공명한다. 숲속을 걷다가 나무 사이로 불어오는 바람을 맞을 때, 더운 여름날 계곡에 앉아 물소리를 들을 때, 명상을 하거나 산책을 할 때에도 공명은 일어날 수 있다. 그 대상은 사람, 동물, 식물, 자연 경관이거나 음악, 영화, 종교, 혹은 어떤 추상적인 세계나 관념이 될 수도 있다. 이처럼 무언가, 혹은 누군가와 연결되어 생기가 넘치는 존재 상태가 공명이라면, 전혀 연결되지 못하는 상태는 소외이다.

소외가 지루함과 직접적으로 연결되어 있다는 사실을 가장 잘 보여주는 것은 이 땅의 학생들이다. 선택의 여지없이 초중고 12년이라는 긴 시간을 오직 취업을 위한 대입, 대입을 위한 수험 공부로 채워야 하는 학생들은 공명을 경험하기 어렵다. 진로에 대한 명확한 비전이 있고 부모의 지지를 받으며 인지적, 정서적, 환경적으로 자원을 두루 갖춘 일부 학생을 빼면, 다수의 학생들이 소외된 채 살아가고 있다고 해도 과언이 아니다. 몰두해서 할 수 있는 활동이 없거나 친구나 가족과 좋은 관계를 맺지 못할 경우 만성 지루함을 느낄 수 있다. 앞에서 살펴보았듯, 지루함은 악성댓글, 가학적 행동, 폭력, 자해, 도박, 마약 등 다양한 일탈 행동과 관련이 있다. 오늘날 학교에서 일어나는 다양한 폭력 문제와 행동 문제들은 소외로 인한 지루함을 반영하는 것인지도 모른다.

학생들만 소외로 시달리는 것은 아니다. 로자는 현대인의 불행과 불만족이 소외에서 비롯된다고 본다. 가속화 사회를 살아가는 우리들은 시간 안에 계획대로 빨리빨리 해내야 하기 때문에 대부분의 시간을 통제 모드로 살아간다. 기술이 가져다준 편리함에 의존하다 보니, 조금만 예상 밖의 상황이 펼쳐져도 짜증, 분노, 불안을 느끼기 쉽다. 예를 들어 과거에는 길에 서서 10분, 20분 택시를 기다리는 것은 별로 힘든 일이 아니었다. 하지만 앱으로 택시를 호출해 실시간 택시의 위치를 확인할 수 있는 오늘날에는 5분만 더 지체되어도 마음이 불편해진다.

문명의 발달은 더 많이 예측하고 더 효과적으로 통제하는 방향으로 나아가고 사람들은 더 많이 일하고 더 많이 소비하지만 더 많이 불행해한다. 로자의 분석에 따르면, 우리 삶에 더 이상 공명할 시간적, 공간적, 심리적, 물리적 여지가 없기 때문이다. 삶은 그냥 일어나는데, 우리는 그냥 만나지 못한다. 공명하지 못한다. 스마트해질수록 리스크를 줄이려 하고 계산이 많아지니 세상에 마음을 열지

못하고 듣지 못한다. 최적화와 성장 강박, 끝없는 혁신과
생산성 압박 속에서 사람들은 따라잡지 못할 것 같은 만
성 불안과 자기계발에 게으르다는 죄책감을 안고 살아간
다. 일상의 것들을 듣지 못하기에 자기 목소리도 듣지 못
한다. 예측과 통제가 많아질수록 우리는 스스로의 한계에
갇히게 된다. 하지만 놀라운 통찰이나 감동적인 만남, 아
름다운 순간과의 접촉은 우리 통제 밖에 있다. 그런 의미
에서 로자는, 최고의 성취와 행복의 경험은 항상 자율성을
상실하는 순간에 있다고 주장한다.

흥미롭게도 공명은 언제 어떻게 일어날지 예측할 수
없다. 누구와 함께 공명을 경험하겠다고 치밀하게 시간과
장소를 계획해서 가능한 것이 아니다. 공명이 일어나지 않
도록 미리 막을 방법도 없다. 갑자기 내리는 눈처럼 예측
하거나 통제할 수 없고, 미리 계획하거나 기획할 수 없고,
붙들 수도 막을 수도 없는 것이 로자가 말하는 공명이다.

"공명에는 우리 자신의 자율성을 능가하는 변형적 요소
transformative element가 담겨 있다. 우리에게 말 걸어오는 무
언가를 우연히 만날 때 공명은 일어난다."24

예를 들어 영화나 콘서트를 보러 갈 수는 있지만 그 영화나 콘서트가 내 마음을 울릴지 아닐지는 알 수 없다. 시간과 장소를 정해 누군가를 물리적으로 만날 수는 있지만, 그 만남이 깊은 연결로 이어질지, 피상적인 잡담만 나누다 헤어지게 될지는 알 수 없다. 이처럼 공명은 통제 밖에서 벌어지는 일이고 수동도 능동도 아닌 그 사이 어딘가에서 일어난다.

공명은 나와 세계가 함께 울리는 것으로, 어느 한 쪽에 융합되거나 통일되는 것이 아니라 각자의 진동으로 말하고 서로의 진동을 듣는 것이다. 듣기란 통제의 해제이며 체계의 열림이다. 더 이상 들리지 않게 되면 관계는 사라진다. 관계의 본질은 생성이고 공명이며, 공명이란 서로를 울리는 것, 들리는 것이기 때문이다.

통제를 내려놓고 연결되는 '공명'은 영국의 낭만파 시인 존 키츠가 말한 네거티브 능력을 떠올리게 한다. 키츠는 두 동생에게 편지를 자주 썼는데 그중 한 편지는 의도치 않게 매우 유명한 작품으로 남게 된다. 편지에는 최근에 연극을 보러 간 이야기며 출판사의 명예훼손 재판에 대한 언급, 그리고 친구들과 식사를 하고 대화를 나눈 일에

대한 소식들이 들어 있었다. 특별할 것이 없는 일상적인 이
야기를 늘어놓다가 불쑥 그는 다음과 같이 말한다.

> "그때 내 마음속에 이런저런 것들이 떠올랐고 불현듯 깨달
> 았어. 어떤 자질이 성취의 인간이 되게 하는지, 특히 문학
> 에서 말이야. 그건 바로 네거티브 능력negative capability이었
> 어. 사실과 합리성을 향해 조급하게 달려들지 않고 않고
> 불확실성, 신비, 의문들 가운데 가만히 있을 수 있는 능력
> 을 말해. 셰익스피어는 이런 능력을 어마어마하게 갖고 있
> 었어."25

빨리 답을 도출하고 의문을 닫아버리는 것이 아니라 해결
되지 않은 채로 불확실성을 견디는 힘, 이러한 능력을 키
츠는 '네거티브 능력'이라고 불렀다. 우리가 일반적으로 능
력이라고 할 때에는 뭔가를 더 하는 것, 혹은 잘하는 것을
의미하는데 이와 반대로, '안 하는 것, 안 할 수 있는' 능력
을 말한다. 인간은 누구나 '불확실하거나 알 수 없는 것'을
싫어한다. 사실을 더 알아내어 원인과 결과를 따지고 논리
적으로 연결해 정리하려는 경향이 있다. 이해가 안 되면 불
편해한다. 계속 생각하고 조사해서 알아내려고 한다. 그래

야 자기 뜻대로 현실을 더 통제할 수 있을 것 같은, 안전한 느낌을 받기 때문이다. 이런 본능적 경향에서 벗어나 모르는 것 한가운데에 자신을 버려둘 수 있는가? 그 공포를 견딜 수 있는가? 키츠는 이를 해낼 수 있는 사람을 성취의 인간man of achievement이라 일컬으며 셰익스피어를 예로 들었다.

평범한 편지에 담긴 키츠의 비범한 통찰은 이후 여러 작가, 정신분석가, 철학자들에게 많은 영감을 주었다. 특히 정신분석가 윌프레드 비온은 이 개념을 치유적 관계에 적용해 깊이 탐구했다. 네거티브 능력을 '알 수 없음(무한)'과 연결될 수 있는 능력이라 해석하면서 진정한 연결과 관계로 나아가기 위해 필요한 핵심 능력이라 보았던 그는 다음과 같이 설명한다.

"우리가 추구하는 것은 신, 곧 어머니의 회복이자, 형태가 없고 무한하며 설명할 수 없고 존재하지 않는 신의 진화인데, 이는 오직 기억, 욕망, 이해가 없는 상태에서만 발견될 수 있다."[26]

있는 그대로 타인을 보고 듣기 위해서는 미리 규정하지 말

아야 하며, 그러려면 기억, 욕망, 이해가 없어야 한다는 것
이다. 이것은 하나하나 곰곰이 새겨들을 만한 메시지다.
'기억'은 곧 '과거'로, 이전 경험과 지식을 가지고 새로운 상
황을 해석하려는 정신활동이라 할 수 있다. 한편 '욕망'은
'미래'의 결과에 대한 염려나 기대를 말한다. 마지막으로
'이해'는 기억과 욕망, 즉 과거와 미래를 연결하는 자기만
의 해석이다.

　　우리는 자신의 틀로 타인을 해석하고 판단하는 것에
익숙하다. 자기 경험에 비추어 저 사람은 이러이러할 것이
라 짐작하고, 미래의 의도나 욕망을 투영해 상대방을 판단
하고 이끌려고 한다. 어떤 사람에 대해 아무리 많이 관찰
하고 생각해도, 자신의 기억과 욕망에 오염된 이해의 틀
안에서 그려낸 그림이며, 착각이고 오해에 불과할 뿐이다.
그래서 비온은 '이해'의 틀마저도 버리라고 주문한다. 이렇
게 기억, 욕망, 이해를 제거한 상태, 이렇게 비워내는 네거
티브 능력이야말로 우리가 누군가를 있는 그대로 만날 수
있는 조건이자, "형태가 없고 무한하며 말로 설명할 수 없
는 비존재의 존재" 방식이다.

　　네거티브 능력은 한 마디로 '에고ego를 무화시키는 능
력'이다. 우리는 늘 자신의 기능을 최대로 발휘해 문제를

신속하게 효율적으로 해결하는 유능한 사람이 되고 싶어
한다. 온갖 다양한 커뮤니티들은 유능함과 실용성을 기반
으로 모이고 흩어진다. 거의 모든 모임에는 명시적이든 암
묵적이든 목표가 있고 의도가 있다. 따라서 커뮤니티에 기
여하지 못하는 무능함은 곧 무시, 소외, 배제로 이어질 수
있음을 뜻한다. 사람들이 유능함과 쓸모, 능력과 매력에
집착해 과도하게 노력하는 것은 결국 무시와 소외, 배제에
대한 공포에서 나온다. 이러한 공포는 사람들이 기능을 최
대로 높여 어떻게 해서든 더 얻고 더 올라가려는 상승 모
드로 살아가게 한다. 이미 갖고 있는 것, 이미 알고 있는
것만 서로 교환하면서 안전지대에 머무를 뿐, 새로움을 낳
는 관계로 나아가지 못하게 한다. '좋은 사람'이 되려고 애
쓰는 사람은 자기 이미지에 전전긍긍하느라 눈앞의 사람
을 만나지 못한다. '유능한 사람'이 되려고 애쓰는 사람은
제대로 평가를 받고 있는지에 온통 신경이 쏠려 있어서 있
는 그대로 보고 듣지 못한다.

　　어떠어떠한 이미지나 역할에 집착하면 할수록 맥락을
놓치고 고립되기 쉽다. 의도가 강하면 강할수록 통제하려
는 마음으로 가득해지기 때문에 있는 그대로 만나지 못한
다. 그런 의미에서 진짜 연결은, 기능을 해제하고 힘을 빼

어 몇 계단 내려가려는 존재의 하강 상태에서 일어난다고 말할 수 있다. 자신의 존재감에 집착하지 않고 에고를 내려놓는 것이다. 사랑받기 위해, 인정받기 위해 애쓰는 사람들은 소기의 목적을 달성할 때까지 노력을 한다. 겉으로 볼 때에는 이타적인 행위처럼 보이지만, 사실은 자기 자신에게 온통 주의가 쏠려 있기 때문에 연결이 일어나지 않는다. 어떠어떠한 관계를 원한다는 생각 자체가 관계를 불가능하게 한다.

　　너무나 익숙해져서 원래 있었던 것처럼 착각하게 되는 정체성과 고정관념, 습관적 말과 행동에 들어 있는 자기중심성을 멈출 때 우리는 새로 태어난다. 아무것도 의도하지 않을 때, 순수한 연결의 순간에 비로소 우리는 누군가와 함께한다. 관계를 통해 우리는 새로 태어난다.

° 에필로그

영화 〈트랜센던스〉에는, 고도로 발달된 인공지능에게 자의식이 있는지 농담처럼 묻는 장면이 나온다. "네게 자의식이 있다면 한번 입증해봐." 그러자 컴퓨터가 인간에게 말한다. "당신에게도 자의식이 있나요? 그렇다면 한번 입증해보세요."

인간도 입증하기 어려운 것을 인공지능에게 묻지 말라는, 인간식의 농담이다. 그런데 우리는 어떤 존재자에게 자의식이 있는지 없는지를 어떻게 알 수 있을까? 가장 대표적인 준거는 바로 지각과 감정이다. 그런데 지각과 감정은 오직 사회문화적 경험을 통해서만 구성된다. 이것은 무엇을 의미할까? 가설적으로 생각해서 집단과 관계가 없다면 지각도 감정도 없을 것이다. 그리고 지각과 감정이 없다면 자의식도 없다. 정신현상이라는 것 자체가 집단과 관계 경험에 의존한다는 결론에 도달하게 된다.

생명체의 특성 중 가장 핵심적인 것은 '자가구성', 곧 스스로 구성해간다는 점이다. 물리적 객체와 달리 생명체는 구조화된 내부 공간을 갖는다. 내부와 외부가 상호작용하면서 그 생명체를 그 생명체이게 한다. 그런데 정신체, 즉 정신을 갖는 생명은 여기에 하나 더 없는 게 있다. 내부와 외부가 긴밀하게 연결되는 소통 시스템, 즉 정교한 신경망이다. 지각과 감정이 있다는 것은 자신을 하나로 통합해서 정보를 받아들이는 내부 구조가 있다는 것을 뜻한다. 우리는 실시간 안팎, 자기와 타자, 즉 나와 내가 아닌 것을 오가며 '나'라고 하는 것을 경험한다.

따라서 자가구성하는 존재들은 필연적으로 그 안에 '자기 아닌 부분'을 갖는다. 즉 살아 있는 존재들은 모두 잠재적 타자성을 갖는다. 자기가 하나로 동일하고 단일하다면 시시각각 변화하는 환경과 상호작용하면서 변화해 나갈 수 없다. 완벽한 자기동일성, 완벽한 평형은 곧 죽음을 의미한다.

우리 내부에는 필연적으로 이질적인 것들이 있을 수

밖에 없고 아직 규정되지 않은 것이 우리 안에 늘 함께하
니, 살아 있는 존재들은 당연히 어느 정도의 불안정성을
갖는다. 게다가 외부와의 상호작용을 통해 시시각각 변화
하고 변환하기 때문에 아직 규정되지 않은 것이 무엇이 될
지도 예측할 수 없다. 필연적으로 우리는 내부에 아직 규
정되지 않은 부분, 예측불가능성을 갖는다. 그러니 완전한
평형이라는 것은 불가능하고 끊임없이 생성되며, 일정 정
도의 범위 안에서 움직임을 유지하려는 동적 평형의 상태
에 있다.

우리는 대개 균형이 잘 잡혀 있어 통제 가능한 질서
cosmos를 좋아하고 혼란chaos을 기피하지만, 혼란은 오히려
무수한 잠재적 질서를 담고 있는 것이기도 하다. 질서나
균형은 0에서 1로 갑자기 생겨나는 것이 아니라, 무수한
잠재성 가운데 조건과 상황에 따라 나타나는 것이다. 새로
움이나 창조의 가능성은 질서보다는 혼란 쪽에 있다고 할
수 있다. 규정된 것들이 과거이자 닫힌 세계라면, 아직 규
정되지 않은 것들은 미래이며 열린 세계다.

하지만 모든 것이 실시간 집계되고 측정되고 데이터
화되는 시대, 예측가능성과 통제가능성을 추구하는 현대

문명은 우리에게 방황할 시간을 주지 않는다. 혼란을 겪어
내며 스스로 정리할 시간을 허용하지 않는다. 그래서 사람
들은 어떤 일을 겪어도 자신을 완벽하게 통제할 수 있고
예측가능한 상태로 유지할 수 있다는 이른바 "강철멘털"
에 대한 환상을 갖게 된다. 어떤 상황에서도 감정에 휘둘
리지 않고 기능이 저하되지 않는, 균일한 생산성을 내는
'오류 없는 기계'가 되고 싶어 한다. 감정을 경험하려면 때
로는 질서의 무너짐을 겪어야만 하는데 그러려면 생산성
이 떨어지는 것, 일시적으로 시스템이 마비되는 것을 허용
해야 하기 때문이다. 현대인이 가장 두려워하는 것은 자신
의 생산성 저하다. 감정을 써야 하는 관계는 웬만하면 피
한다. 불확실성이 높고 종종 불편하며 노력에 비해 얻는
것이 그다지 없어 보이기 때문이다. 관계는 맺지 않으면서
소외되고 배제되기 싫어서 실제 집단의 대체물인 SNS나
온라인 커뮤니티를 드나든다.

　하루가 다르게 새로운 일들이 벌어지는 오늘날의 지
루함은 단조로움 때문에 일어나는 것이 아니다. 감각적 자
극들, 늘 업데이트되는 이야기와 뉴스들, 재미있는 것들이
넘쳐나며, 디지털 기술의 발달 덕분에 사람들은 하루 종일

업무에 시달린다. 그런데도 지루함을 느낀다. 자극이 없어서가 아니라 의미가 없어서다. 신호들만 넘쳐나고 진정한 정보는 희귀하다. 관계 맺지 못하는 사람들은 복잡함 속에서도 무의미와 지루함을 느낀다.

세상은 너무 시끄럽고, 감각, 감정, 생각은 늘 포화상태이다. 원치 않는 것들은 조용히 가라앉히고 정리하면서 동요되지 않고 흔들림 없이 강인한 마음을 갖고 싶어 하는 사람들은 나름의 코스모스를 구축하려 애쓴다. 하지만 생명체의 본성상, 질서와 패턴, 예측가능성은 필연적으로 지루함을 불러일으킨다. 그러니 인간은 혼란을 줄이려고 통제 가능한 체계를 만들어놓고 지루해져서 다시 새로운 혼란을 찾아가는 일을 반복한다. 코스모스는 닫힌 체계여서 새로운 것을 생성하지 못하기 때문이다. 반면 카오스는 아직 규정되지 않은, 열린 체계다.

결국 인간이 활기를 잃지 않으면서 의미 있게 사는 방법은, 코스모스가 아니라 카오스를 다루는 역량에 있다. 카오스는 우리 모두에게 있는 무규정자이자 끝없이 관계를 통해 무언가를 생성하려 하는 에너지다. 자기만의 고유성, 창의성, 주관성은 각자의 카오스를 이해하면서 타자의 카오스와 만날 때 만들어진다. 새로움은 예측할 수 없는 것이 예측할 수 없는 것을 만날 때 탄생하고 증폭된다. 관계를 향해 열려 있다는 것은 취약해질 가능성, 상처 받을 가능성을 내포한다. 하지만 동시에 그로 인해 기존의 한계를 벗어나 새로운 존재로 거듭나고 성장할 가능성 또한 생겨난다.

관계는 무의식적이다. 의도대로 되지 않는다. '질서'보다는 '혼란'을 유발한다. 그런 의미에서 관계는 코스모스가 아니라 카오스에 가깝다. 아직 되지 않은 무엇, 많은 잠재적 질서를 내포하고 있는 혼란, 무정형의 아페이론, 우리의 무의식, 그리고 이름 붙이기 이전의 감정과 느낌들. 관계는 이런 것들과 관련이 있어서 언어로, 생각으로 규정되지 않는다.

코스모스의 문법에 익숙한 인간이 카오스를 만나는 순간 공포에 사로잡히는 것은 기존의 지식으로 낯선 세계를 소화할 수 없기 때문일 것이다. 카오스를 코스모스로 이해하려니 공포가 발생한다. 공포는 코스모스가 만들어낸 것이다. 카오스 본연의 것이 아니다. 낯선 것, 모르는 것, 질서를 파악하기 어려운 것, 패턴을 읽기 어려운 것은 인간의 통제 밖에 있기 때문에 두려움을 자아낸다. 알지 못함이 공포인 것은 알려는 욕망, 통제의 본능 때문이다.

　　타인을 있는 그대로 보고 들으려면 자신의 기억과 욕
망을 내려놓아야 한다. 상대방을 이해한다고 생각하는 순
간 왜곡은 시작된다. 그때의 앎이란 대체로 자기 자신에
관한 것이기 때문이다. 질서를 잡고 통제하려는 마음이 카
오스를 밀어낼 때 관계는 끊긴다. 서로 듣지 않고 들리지
않게 된다. 누군가를 만난다는 건 그 사람에 대해 전혀 알
지 못하는 상태에서 알아가려는 마음이 있을 때 가능하다.
'저 사람은 저래서 저렇구나.', '원래 그런 습관이 있지', '성
격이 그러니까' 등등으로 실시간 경험 앞에 앎을 내세우면
과거가 현재를, 코스모스가 카오스를 덮어버린다.

　　누군가의 얼굴을 마주하고 이야기를 나눌 때 우리가
듣는 것은 상대방의 말이 아니다. 그 사람에 대한 자신의
반응을 듣는다. 관계와 연결을 회피할 때 우리가 회피하는
건 타인이 아니다. 자기 자신과의 연결이다. 사실 관계는
하나다. 자기와의 관계, 타인과의 관계는 둘이 아니다. 우
리 안의 틈들이야말로 우리를 새로움으로, 관계로 나아가
게 한다. 관계를 회피하면 새로움도, 의미도 발견하기 어렵
다. 잠재적 상처와 번거로움을 피하려고 관계를 단절한 사
람들은 끝없는 무의미와 지루함에 시달리게 된다. 그러니
지금 내 앞에 있는 사람에게, 지금의 경험에 주의를 기울이

지 않을 이유가 없다. 새로움도 성장도 오직 관계에서만 가능하며, 관계란 결국 자기 구성의 여정이니 말이다.

프롤로그

1   Schopenhauer, A. (2001). *Parerga and paralipomena: Short philo-sophical essays* (Vol. 2) (E. F. J. Payne, Trans.). Oxford UP.

2   Danckert, J. (2019). Boredom: Managing the delicate balance be-tween exploration and exploitation. In J. R. Velasco (Ed.), *Boredom is in your mind* (pp. 37–53). Springer.

3   Villemure, C., & Bushnell, M. C. (2002). Cognitive modulation of pain: How do attention and emotion influence pain processing?. *Pain, 95*(3), 195–199.

4   Freud, S. (1955). *Beyond the pleasure principle* (Vol. 18, J. Strachey, Trans., pp. 3–64). Hogarth press.

5   Brodsky, J. (1989). Listening to boredom(excerpt). http://www.commencementspeeches.ru/?p=8

1장 지루함의 넓이

1   Tardieu, É. (1903). *L'ennui: étude psychologique*. Félix Alcan.

2   Blaszczynski, A., McConaghy, N., & Frankova, A. (1990). Boredom proneness in pathological gambling. *Psychological Reports, 67*(1), 35–42.

3   Havermans, R. C., Vancleef, L., Kalamatianos, A., & Nederkoorn, C. (2015). Eating and inflicting pain out of boredom. *Appetite, 85*, 52–57; Moynihan, A. B., van Tilburg, W. A. P., Igou, E. R., Wisman, A., Donnelly, A. E., & Mulcaire, J. B. (2015). Eaten up by boredom: con-suming food to escape awareness of the bored self. *Frontiers in Psychology, 6*, Article 369.

4   Abramson, E. E., & Stinson, S. G. (1977). Boredom and eating in obese and non-obese individuals. *Addictive Behaviors, 2*(4), 181–185; Leon, G. R., & Chamberlain, K. (1973). Emotional arousal, eating patterns, and body image as differential factors associated with varying success in maintaining a weight loss. *Journal of Consulting and Clinical Psychology, 40*(3), 474–480.

5   Ferguson, D. (1973). A study of occupational stress and health. *Ergonomics, 16*(5), 649–664.

6   Forsyth, G., & Hundleby, J. D. (1987). Personality and situation as determinants of desire to drink in young adults. *International Journal of the Addictions, 22*(7), 653–669.

7   Kılıç, A., van Tilburg, W. A. P., & Igou, E. R. (2020). Risk–taking increases under boredom. *Journal of Behavioral Decision Making, 33*(3), 257–269; LePera, N. (2011). Relationships between boredom proneness, mindfulness, anxiety, depression, and substance use. *The New School Psychology Bulletin, 8*(2), 15–25.

8   Iso-Ahola, S. E. & Crowely E. D. (1991). Adolescent substance abuse and leisure boredom. *Journal of Leisure Research, 23*(3), 260–271; Johnston, L. D., & O'Malley, P. M. (1986). Why do the nation's students use drugs and alcohol? Self-reported reasons from nine national surveys. *Journal of Drug Issues, 16*(1), 29–66; Samuels, D. J., & Samuels, M. (1974). Low self-concept as a cause of drug abuse. *Journal of Drug Education, 4*(4), 421–438.

9   Sherman, J. E., Zinser, M. C., Sideroff, S. I., & Baker, T. B. (1989). Subjective dimensions of heroin urges: Influence of heroin-related and affectively negative stimuli. *Addictive Behaviors, 14*(6), 611–623.

10   Cocco, N., Sharpe, L., & Blaszczynski, A. P. (1995). Differences in

preferred level of arousal in two sub-groups of problem gamblers:
A preliminary report. *Journal of Gambling Studies, 11*(2), 221–229.

11   Pfattheicher, S., Lazarević, L. B., Westgate, E. C., & Schindler, S. (2021).
On the relation of boredom and sadistic aggression. *Journal of Per-
sonality and Social Psychology, 121*(3), 573–600.

12   Wilson, T. D., Reinhard, D. A., Westgate, E. C., Gilbert, D. T., Eller-
beck, N., Hahn, C., Brown, C. L., & Shaked, A. (2014). Just think:
The challenges of the disengaged mind. *Science, 345*(6192), 75–77.

13   Danckert, J., & Merrifield, C. (2018). Boredom, sustained attention
and the default mode network. *Experimental Brain Research,
236*(9), 2507–2518.

14   Nederkoorn, C., Vancleef, L., Wilkenhöner, A., Claes, L., & Haver-
mans, R. C. (2016). Self-inflicted pain out of boredom. *Psychiatry
Research, 237*, 127–132.

15   Mercer, K. B., & Eastwood, J. D. (2010). Is boredom associated with
problem gambling behaviour? It depends on what you mean by
'boredom.' *International Gambling Studies, 10*(1), 91–104.

16   Lin Y., & Westgate E. C. (2021). The Origins of Boredom. In *The Ox-
ford Handbook of Evolution and the Emotions* (ch. 17). Oxford UP.

17   Rosenthal, R. (1974). *On the social psychology of the self-fulfilling
prophecy: Further evidence for Pygmalion effects and their medi-
ating mechanisms.* MSS Modular Publications.

18   Yoon, S., Dang, V., Mertz, J., & Rottenberg, J. (2018). Are attitudes to-
wards emotions associated with depression? A conceptual and me-
ta-analytic review. *Journal of Affective Disorders, 232*, 329–340.

19   Tamir, M., John, O. P., Srivastava, S., & Gross, J. J. (2007). Implicit
theories of emotion: affective and social outcomes across a major

---

life transition. *Journal of Personality and Social Psychology, 92*(4), 731–744; Kneeland, E. T., Dovidio, J. F., Joormann, J., & Clark, M. S. (2016). Emotion malleability beliefs, emotion regulation, and psychopathology: Integrating affective and clinical science. *Clinical Psychology Review, 45*, 81–88.

20   van Tilburg, W. A. P., & Igou, E. R. (2017). Can boredom help? Increased prosocial intentions in response to boredom. *Self and Identity, 16*(1), 82–96.

21   Gasper, K., & Middlewood, B. L. (2014). Approaching novel thoughts: Understanding why elation and boredom promote associative thought more than distress and relaxation. *Journal of Experimental Social Psychology, 52*, 50–57; Mooneyham, B. W., & Schooler, J. W. (2013). The costs and benefits of mind-wandering: A review. *Canadian Journal of Experimental Psychology/Revue canadienne de psychologie expérimentale, 67*(1), 11–18.

22   Lin Y., & Westgate E. C. (2021). The Origins of Boredom. In *The Oxford Handbook of Evolution and the Emotions* (ch. 17). Oxford UP.

23   Albarracín, D., Sunderrajan, A., Dai, W., & White, B. X. (2019). The social creation of action and inaction: From concepts to goals to behaviors. In J. M. Olsen (Ed.), *Advances in experimental social psychology* (Vol. 60, pp. 223–271). Elsevier Academic Press.

24   Bench, S. W., & Lench, H. C. (2019). Boredom as a seeking state: Boredom prompts the pursuit of novel (even negative) experiences. *Emotion, 19*(2), 242–254.

25   Milyavskaya, M., Inzlicht, M., Johnson, T., & Larson, M. J. (2019). Reward sensitivity following boredom and cognitive effort: A high-powered neurophysiological investigation. *Neuropsychologia,*

123, 159-168.

26 Yucel, M., & Westgate, E. C. (2022). From electric shocks to the electoral college: How boredom steers moral behavior. In A. Elpidorou (Ed.), *The Moral Psychology of Boredom*. Rowman & Littlefield.

27 Camus, A. (1991). *The fall*. Vintage.

28 국립국어원 표준국어대사전.

29 the state of being weary and restless through lack of interest. 메리엄-웹스터 사전. https://www.merriam-webster.com/dictionary/boredom

30 Fenichel, O. (1953). The Psychology of Boredom. In H. Fenichel & D. Rapaport (Eds.), *The Collected Papers of Otto Fenichel* (pp. 292-302). W. W. Norton & Company.

31 Frankl, V. E. (1992). *Man's search for meaning: An introduction to logotherapy* (4th ed). Beacon Press.

32 Sartre, J. P. (1947). *Existentialism* (B. Frechtman, Trans.). Philosophical Library.

33 O'Connor, D. (1967). The phenomena of boredom. *Journal of Existentialism, 7*(27), 381-399.

34 O'Hanlon, J. F. (1981). Boredom: Practical consequences and a theory. *Acta Psychologica, 49*(1), 53-82.

35 Fisher, C. D. (1993). Boredom at work: A neglected concept. *Human Relations, 46*(3), 395-417.

36 Eastwood, J. D., & Gorelik, D. (2019). Boredom is a feeling of thinking and a double-edged sword. In J. R. Velasco (Ed.), *Boredom is in your mind* (pp. 55-70). Springer.

37 Mikulas, W. L., & Vodanovich, S. J. (1993). The essence of boredom. *The Psychological Record, 43*(1), 3-12.

38   Eastwood, J. D., Frischen, A., Fenske, M. J., & Smilek, D. (2012). The unengaged mind: Defining boredom in terms of attention. *Perspectives on Psychological Science, 7*(5), 482–495.

39   Elpidorou, A. (2018). The good of boredom. *Philosophical Psychology, 31*(3), 323–351.

40   Bench, S. W., & Lench, H. C. (2013). On the function of boredom. *Behavioral Sciences, 3* (3), 459–472.

41   Westgate, E. C., & Wilson, T. D. (2018). Boring thoughts and bored minds: The MAC model of boredom and cognitive engagement. *Psychological Review, 125*(5), 689–713.

42   Wickens, C. D. (1991). Processing resources and attention. In Damos, D. (Ed.), *Multiple-task performance* (pp. 3–34). Taylor & Francis.

43   van Tilburg, W. A. P., & Igou, E. R. (2012). On boredom: Lack of challenge and meaning as distinct boredom experiences. *Motivation and Emotion, 36*(2), 181–194.

44   Westgate, E. C., & Wilson, T. D. (2018). Boring thoughts and bored minds: The MAC model of boredom and cognitive engagement. *Psychological Review, 125*(5), 689–713; Hulleman, C. S., Godes, O., Hendricks, B. L., & Harackiewicz, J. M. (2010). Enhancing interest and performance with a utility value intervention. *Journal of Educational Psychology, 102*(4), 880–895.

45   Elpidorou, A. (2015). The quiet alarm. https://aeon.co/essays/life-without-boredom-would-be-a-nightmare.

46   Friston, K., & Kiebel, S. (2009). Predictive coding under the free-energy principle. *Philosophical Transactions of the Royal Society B: Biological Sciences, 364*(1521), 1211–1221.

47   Hohwy, J. (2017). Priors in perception: Top-down modulation,

Bayesian perceptual learning rate, and prediction error minimization. *Consciousness and Cognition, 47*, 75–85.

48   Sun, Z., & Firestone, C. (2020). The dark room problem. *Trends in Cognitive Sciences, 24*(5), 346–348.

49   Yu, Y., Chang, A. Y. C., & Kanai, R. (2019). Boredom-driven curious learning by homeo-heterostatic value gradients. *Frontiers in neurorobotics, 12*(88); Gottlieb, J., Oudeyer, P. Y., Lopes, M., & Baranes, A. (2013). Information-seeking, curiosity, and attention: computational and neural mechanisms. *Trends in Cognitive Sciences, 17*(11), 585–593.

50   Gomez-Ramirez, J., & Costa, T. (2017). Boredom begets creativity: A solution to the exploitation–exploration trade-off in predictive coding. *Biosystems, 162*, 168–176.

51   Kurzban, R., Duckworth, A., Kable, J. W., & Myers, J. (2013). An opportunity cost model of subjective effort and task performance. *Behavioral and Brain Sciences, 36*(6), 661–679.

52   Agrawal, M., Mattar, M. G., Cohen, J. D., & Daw, N. D. (2022). The temporal dynamics of opportunity costs: A normative account of cognitive fatigue and boredom. *Psychological Review, 129*(3), 564–585.

53   Mehlhorn, K., Newell, B. R., Todd, P. M., Lee, M. D., Morgan, K., Braithwaite, V. A., Hausmann, D., Fiedler, K., & Gonzalez, C. (2015). Unpacking the exploration–exploitation tradeoff: A synthesis of human and animal literatures. *Decision, 2*(3), 191–215.

54   Bench, S. W., & Lench, H. C. (2019). Boredom as a seeking state: Boredom prompts the pursuit of novel (even negative) experiences. *Emotion, 19*(2), 242–254.

55   Wegner, L., & Flisher, A. J. (2009). Leisure boredom and adolescent risk behaviour: A systematic literature review. *Journal of Child and Adolescent Mental Health, 21*(1), 1–28.

56   Geana, A., Wilson, R. C., Daw, N. & Cohen, J. D. (2016). Boredom, Information-Seeking and Exploration. In *38th Annual Meeting of the Cognitive Science Society (CogSci 2016)* (Vol. 1, p. 6).

57   Mason, G. J., & Burn, C. C. (2018). Frustration and boredom in impoverished environments. In Appleby M. C., Olsson I. A. S., & Galindo, F. (Eds.), *Animal welfare* (3rd Ed., pp. 114–138). CABI.

58   Berlyne, D. E. (1960). *Conflict, arousal, and curiosity*. McGraw-Hill.

59   Burn, C. C. (2017). Bestial boredom: A biological perspective on animal boredom and suggestions for its scientific investigation. *Animal Behaviour, 130*, 141–151.

60   앞의 논문.

61   Pogue–Geile, M., Ferrell, R., Deka, R., Debski, T., & Manuck, S. (1998). Human novelty–seeking personality traits and dopamine D4 receptor polymorphisms: a twin and genetic association study. *American Journal of Medical Genetics, 81*(1), 44–48; Benjamin, J., Li, L., Patterson, C., Greenberg, B. D., Murphy, D. L., & Hamer, D. H. (1996). Population and familial association between the D4 dopamine receptor gene and measures of novelty seeking. *Nature Genetics, 12*(1), 81–84.

62   Dahlen, E. R., Martin, R. C., Ragan, K., & Kuhlman, M. M. (2005). Driving anger, sensation seeking, impulsiveness, and boredom proneness in the prediction of unsafe driving. *Accident analysis & prevention, 37*(2), 341–348; Burn, C. C. (2017). Bestial boredom: A biological perspective on animal boredom and suggestions for its

scientific investigation. *Animal Behaviour, 130*, 141-151.

63   Tolstoy, L. N. (1899). *Anna Karenina*. Thomas Y. Crowell Co.

64   Danckert, J. (2013). Descent of the doldrums. *Scientific American Mind, 24*(3), 54-59.

65   Goldberg, Y. K., Eastwood, J. D., LaGuardia, J., & Danckert, J. (2011). Boredom: An emotional experience distinct from apathy, anhedonia, or depression. *Journal of Social and Clinical Psychology, 30*(6), 647-666.

66   van Tilburg, W. A., & Igou, E. R. (2011). On boredom: Lack of challenge and meaning as distinct boredom experiences. *Motivation and Emotion, 36*(2), 181-194.

67   Elpidorou, A. (2014). The bright side of boredom. *Frontiers in psychology, 5*, 1-4.

68   Farmer, R., & Sundberg, N. D. (1986). Boredom proneness: The development and correlates of a new scale. *Journal of Personality Assessment, 50*(1), 4-17.

69   American Psychiatric Association. (2013). *Diagnostic and statistical manual of mental disorders* (5th Ed.). American Psychiatric Publishing.

70   Elpidorou, A. (2018). The good of boredom. *Philosophical Psychology, 31*(3), 323-351.

71   O'Hanlon, J. F. (1981). Boredom: Practical consequences and a theory. *Acta psychologica, 49*(1), 53-82.

72   Gorelik, D., & Eastwood, J. D. (2024). Trait boredom as a lack of agency: A theoretical model and a new assessment tool. *Assessment, 31*(2), 321-334.

73   Gerritsen, C. J., Toplak, M. E., Sciaraffa, J., & Eastwood, J. (2014). I

can't get no satisfaction: Potential causes of boredom. *Consciousness and Cognition, 27*, 27–41.

74 Malkovsky, E., Merrifield, C., Goldberg, Y., & Danckert, J. (2012). Exploring the relationship between boredom and sustained attention. *Experimental Brain Research, 221*(1), 59–67.

75 Hamilton, J. A., Haier, R. J., & Buchsbaum, M. S. (1984). Intrinsic enjoyment and boredom coping scales: Validation with personality, evoked potential and attention measures. *Personality and individual differences, 5*(2), 183–193.

76 Carriere, J. S. A., Cheyne, J. A., & Smilek, D. (2008). Everyday attention lapses and memory failures: The affective consequences of mindlessness. *Consciousness and Cognition, 17*(3), 835–847; Cheyne, J. A., Carriere, J. S. A., & Smilek, D. (2006). Absent-mindedness: Lapses of conscious awareness and everyday cognitive failures. *Consciousness and Cognition, 15*(3), 578–592; Martin, M., Sadlo, G., & Stew, G. (2006). The phenomenon of boredom. *Qualitative Research in Psychology, 3*(3), 193–211.

77 Damrad-Frye, R., & Laird, J. D. (1989). The experience of boredom: The role of the self-perception of attention. *Journal of Personality and Social Psychology, 57*(2), 315–320.

78 Kruglanski, A. W., Thompson, E. P., Higgins, E. T., Atash, M. N., Pierro, A., Shah, J. Y., & Spiegel, S. (2000). To "do the right thing" or to "just do it": Locomotion and assessment as distinct self-regulatory imperatives. *Journal of Personality and Social Psychology, 79*(5), 793–815.

79 Finkielsztein, M. (2024). The Essence of Boredom: The Definition of Situational Boredom. *Journal of Boredom Studies, 2*.

2장 지루함의 깊이

1 Klapp, O. E. (1986). *Overload and boredom: Essays on the quality of life in the information society*. Greenwood.

2 Frisby, D. (2013). *Fragments of modernity: Theories of modernity in the work of Simmel, Kracauer and Benjamin*. Routledge.

3 Simmel, G. (2016). The Metropolis and Mental Life. In W. Longhofer, & D. Winchester (Eds.), *Social Theory Re-Wired* (2nd Ed., pp. 469–477). Routledge.

4 Dorfman, E. (2016). Everyday life between boredom and fatigue. In M. Gardiner, & J. J. Haladyn (Eds.), *Boredom Studies Reader* (pp. 192–204). Routledge.

5 Svendsen, L. (2005). *A philosophy of boredom* (J. Irons, Trans.). Reaktion Books; Kierkegaard, S. (1987). *Either/Or, Part I*. (H. V. Hong, & E. H. Hong, Trans.). Princeton UP.

6 Raman, I. M. (2018). Like it or not, the brain grades on a curve. In D. J. Linden (Ed.), *Think tank: Forty neuroscientists explore the biological roots of human experience* (pp. 75–81). Yale UP.

7 Benjamin, W. (1999). *The Arcades project* (H. Eiland, & K. McLaughlin, Trans.). Belknap Press.

8 Dorfman, E. (2014). *Foundations of the everyday: Shock, deferral, repetition* (pp. 21–24). Rowman & Littlefield.

9 Salzani, C. (2009). The atrophy of experience: Walter Benjamin and boredom. In B. D. Pezze, & C. Salzani (Eds.), *Essays on boredom and modernity* (pp. 127–154). Brill.

10 Bluedorn, A. C. (2002). *The human organization of time: Temporal realities and experience* (p. 114). Stanford UP.

11   Asimov, I. (1964). Visit to the World's Fair of 2014. *The New York Times*. https://archive.nytimes.com/www.nytimes.com/books/97/03/23/lifetimes/asi-v-fair.html.

12   Csikszentmihalyi, M. (1990). *Flow: The psychology of optimal experience*. Harper and Row.

13   Hardie-Bick, J., & Scott, S. (2019). Waiting in the wings: Critical self-reflection and the disruption of flow. *Self and Society, 47*(1), 59–68.

14   Fox, K. C., Spreng, R. N., Ellamil, M., Andrews-Hanna, J. R., & Christoff, K. (2015). The wandering brain: Meta-analysis of functional neuroimaging studies of mind-wandering and related spontaneous thought processes. *Neuroimage, 111*, 611–621; Mason, M. F., Norton, M. I., Van Horn, J. D., Wegner, D. M., Grafton, S. T., & Macrae, C. N. (2007). Wandering minds: the default network and stimulus-independent thought. *Science, 315*(5810), 393–395.

15   Ulrich, M., Keller, J., Hoenig, K., Waller, C., & Grön, G. (2014). Neural correlates of experimentally induced flow experiences. *Neuroimage, 86*, 194–202.

16   Andrews-Hanna, J. R. (2012). The brain's default network and its adaptive role in internal mentation. *The Neuroscientist, 18*(3), 251–270.

17   Ulrich, M., Keller, J., & Grön, G. (2016). Neural signatures of experimentally induced flow experiences identified in a typical fMRI block design with BOLD imaging. *Social Cognitive and Affective Neuroscience, 11*(3), 496–507.

18   Danckert, J., & Isacescu, J. (2017). *The bored brain: Insular cortex and the default mode network*. PsyArXiv Preprints; Danckert, J., &

Merrifield, C. (2018). Boredom, sustained attention and the default mode network. *Experimental Brain Research, 236*(9), 2507–2518.

19 Farrer, C., & Frith, C. D. (2002). Experiencing oneself vs another person as being the cause of an action: The neural correlates of the experience of agency. *Neuroimage, 15*(3), 596–603.

20 Craig, A. D. (2009). How do you feelnow? The anterior insula and human awareness. *Nature Reviews Neuroscience, 10*(1), 59–70.

21 Critchley, H. D., Wiens, S., Rotshtein, P., Öhman, A., & Dolan, R. J. (2004). Neural systems supporting interoceptive awareness. *Nature Neuroscience, 7*(2), 189–195.

22 Tam, K. Y., van Tilburg, W. A., Chan, C. S., Igou, E. R., & Lau, H. (2021). Attention drifting in and out: The boredom feedback model. *Personality and Social Psychology Review, 25*(3), 251–272.

23 Bambrah, V., Moynihan, A. B., & Eastwood, J. D. (2023). Self-focused but lacking self-knowledge: The relation between boredom and self-perception. *Journal of Boredom Studies, 1.*

24 Moynihan, A. B., Igou, E. R., & van Tilburg, W. A. P. (2021). Existential escape of the bored: A review of meaning-regulation processes under boredom. *European Review of Social Psychology, 32*(1), 161–200.

25 Morin, A. (2017). Toward a glossary of self-related terms. *Frontiers in Psychology, 8.*

26 Ingram, R. E. (1990). Self-focused attention in clinical disorders: review and a conceptual model. *Psychological Bulletin, 107*(2), 156–176.

27 Dibartolo, P. M., Brown, T. A., & Barlow, D. H. (1997). Effects of anxiety on attentional allocation and task performance: an information

processing analysis. *Behaviour Research and Therapy, 35*(12), 1101–1111.

28   Wilson, T. D. (2009). Know thyself. *Perspectives on Psychological Science, 4*(4), 384–389; Gibbons, F. X. (1983). Self-attention and self-report: The "veridicality" hypothesis. *Journal of Personality, 51*(3), 517–542.

29   IGana, K., Deletang, B., and Metais, L. (2000). Is boredom proneness associated with introspectiveness? *Social Behavior and Personality, 28*(5), 499–504; Harris, M. B. (2000). Correlates and characteristics of boredom proneness and boredom. *Journal of Applied Social Psychology, 30*(3), 576–598; von Gemmingen, M. J., Sullivan, B. F., & Pomerantz, A. M. (2003). Investigating the relationships between boredom proneness, paranoia, and self-consciousness. *Personality and Individual Differences, 34*(6), 907–919.

30   Bambrah, V., Moynihan, A. B., & Eastwood, J. D. (2023). Self-focused but lacking self-knowledge: The relation between boredom and self-perception. *Journal of Boredom Studies, 1*.

31   Eastwood, J. D., Cavaliere, C., Fahlman, S. A., & Eastwood, A. E. (2007). A desire for desires: Boredom and its relation to alexithymia. *Personality and Individual Differences, 42*(6), 1035–1045; Seib, H. M., & Vodanovich, S. J. (1998). Cognitive correlates of boredom proneness: The role of private self-consciousness and absorption. *The Journal of Psychology, 132*(6), 642–652.

32   Wangh, M. (1975). Boredom in psychoanalytic perspective. *Sociological Research, 42*(3), 538–550.

33   Elpidorou, A. (2018). The good of boredom. *Philosophical Psychology, 31*(3), 323–351.

34   Bargdill, R. W. (2000). The study of life boredom. *Journal of Phenomenological Psychology, 31*(2), 188–219.

35   Benjamin, W. (1999). *The Arcades Project* (H. Eiland, & K. McLaughlin, Trans.). Belknap Press.

36   Straus, E. (1980). *Phenomenological Psychology*. Garland.

37   Knowles, R. T. (1986). *Human development and human possibility: Erikson in the light of Heidegger*. America UP.

38   Heidegger, M. (1962). *Being and time* (J. Macquarrie & E. Robinson, Trans.). Harper.

39   Bargdill, R. W. (2014). Toward a theory of habitual boredom. *Janus Head, 13*(2), 93–111.

40   Bargdill, R. W. (2000). The study of life boredom. *Journal of Phenomenological Psychology, 31*(2), 188–219.

41   앞의 글.

42   Boss, M. (1962). Anxiety, guilt, and psychotherapeutic liberation. *Review of Existential Psychology and Psychiatry, II*(3), 173–195.

43   Lewinsky, H. (1943). BOREDOM. *British Journal of Educational Psychology, 13*(3), 147–152.

44   Lipps, T. (1909). *Leitfaden der psychologie* (3rd ed.). W. Engelmann.

45   Bühler, K. (1918). *Die geistige Entwicklung des kindes*. Gustav Fischer.

46   Boag, S. (2010). Repression, suppression, and conscious awareness. *Psychoanalytic Psychology, 27*(2), 164–181.

47   Sartre, J. P. (1948). *The emotions: outline of a theory* (B. Frechtman, Trans.). Philosophical Library.

48   Lewinsky, H. (1943). BOREDOM. *British Journal of Educational Psychology, 13*(3), 147–152.

49   Adorno, T. (2001). Free Time in the culture industry. In J. M. Bernstein (Ed.), *Selected Essays on Mass Culture* (2nd ed., pp. 187–97). Routledge.

50   Bernstein, H. E. (1975). Boredom and the ready-made life. *Social research, 42*(3), 512–537.

51   Greenson, R. R. (1953). On boredom. *Journal of the American Psychoanalytic Association, 1*, 7–21.

52   Bernstein, H. E. (1975). Boredom and the ready-made life. *Social research, 42*(3), 512–537.

53   Rilke, R. M. (2016). *The notebooks of Malte Laurids Brigge*. Oxford UP.

3장 디지털 지루함

1   Cage, J. (1973). *Silence: lectures and writings* (p.93). Wesleyan UP.

2   국립국어원 표준국어대사전.

3   Salzani, C. (2009). The atrophy of experience: Walter Benjamin and boredom. In B. D. Pezze, & C. Salzani (Eds.), *Essays on boredom and modernity* (pp. 127–154). Brill.

4   앞의 책, p.134.

5   앞의 책, p.131.

6   Simmel, G. (2016). The metropolis and mental life. In W. Longhofer, & D. Wincheste (Eds.), *Social theory re-wired* (pp. 469–477). Routledge.

7   Heidegger, M. (1995). *The fundamental concepts of metaphysics: World, finitude, solitude* (W. McNeill, & N. Walker, Trans.) (p.117, 119). Indiana UP.

8   Toohey, P. (2011). *Boredom: A lively history*. Yale UP.

9   Svendsen, L. (2016). Boredom and the Meaning of Life. In M. Gardiner, & J. J. Haladyn (Ed.), *Boredom studies reader* (pp. 217–227). Routledge.

10   Elpidorou, A., & Freeman, L. (2019). Is profound boredom boredom?. In C. Hadjioannou (Ed.), *Heidegger on affect* (pp. 177–203).

11   https://www.littre.org/definition/ennui

12   Westgate, E. C., & Steidle, B. (2020). Lost by definition: Why boredom matters for psychology and society. *Social and Personality Psychology Compass, 14*(11), Article e12562.

13   Baudrillard, J. (2005). *The system of objects* (J. Benedict, Trans.). Verso.

14   Mosurinjohn, S. C. (2016). Overload, boredom and the aesthetics of texting. In M. Gardiner, & J. J. Haladyn (Ed.), Boredom Studies Reader (pp. 143–156). Routledge. p. 144.

15   Charnov, E. L. (1976). Optimal foraging, the marginal value theorem. *Theoretical Population Biology, 9*(2), 129–136.

16   Danckert, J. (2019). Boredom: Managing the delicate balance between exploration and exploitation. In J. R. Velasco (Ed.), *Boredom is in your mind* (pp. 37–53). Springer.

17   Danckert, J., Mugon, J., Struk, A., & Eastwood, J. (2018). Boredom: What is it good for?. In H. C. Lench (Ed.), *The function of emotions: When and why emotions help us* (pp. 93–119). Springer.

18   Struk, A. A., Scholer, A. A., Danckert, J., & Seli, P. (2020). Rich environments, dull experiences: how environment can exacerbate the effect of constraint on the experience of boredom. *Cognition and Emotion, 34*(7), 1517–1523.

---

19   Kurzban, R., Duckworth, A., Kable, J. W., & Myers, J. (2013). An opportunity cost model of subjective effort and task performance. *Behavioral and Brain Sciences, 36*(6), 661–679.

20   Hockey, G. R. J. (2011). A motivational control theory of cognitive fatigue. In P. L. Ackerman (Ed.), *Cognitive fatigue: Multidisciplinary perspectives on current research and future applications* (pp. 167–187). American Psychological Association.

21   Mosurinjohn, S. C. (2015). *Boredom, overload, and the crisis of meaning in late modern temporality*. Queen's University.

22   Mosurinjohn, S. C. (2016). Overload, boredom and the aesthetics of texting. In M. Gardiner, & J. J. Haladyn (Ed.), *Boredom Studies Reader* (pp. 143–156). Routledge.

23   앞의 책, p.144.

24   앞의 책, p.145.

25   앞의 책, p.146.

26   앞의 책, p.148.

27   https://www.sciencedirect.com/topics/psychology/intermittent-reinforcement

28   Phillips, A. (1993). *On kissing, tickling, and being bored: Psychoanalytic essays on the unexamined life* (p.78). Harvard UP.

29   Ringmar, E. (2019). Heidegger on creativity: From boredom to re-engagement with the world. In J. R. Velasco (Ed.), *Boredom is in your mind* (pp. 111–121). Springer.

30   Heidegger, M. (1962). *Being and time* (J. Macquarrie, & E. Robinson, Trans.). Harper.

31   앞의 책, pp. 228–235.

32   Heidegger, M. (1995). *The fundamental concepts of metaphysics:*

World, finitude, solitude (W. McNeill, & N. Walker, Trans.). Indiana UP.

33 Ringmar, E. (2016). Attention and the cause of modern boredom. In M. Gardiner, & J. J. Haladyn (Ed.), *Boredom studies reader* (pp. 205–214). Routledge.

34 Krueger, J. (2014). Affordances and the musically extended mind. *Frontiers in Psychology, 4*, Article 1003.

35 Ringmar, E. (2019). Heidegger on creativity: From boredom to re-engagement with the world. In J. R. Velasco (Ed.), *Boredom is in your mind* (pp. 111–121). Springer.

36 앞의 책, p.115.

37 앞의 책, p.120.

38 Heidegger, M. (1995). *The fundamental concepts of metaphysics: World, finitude, solitude* (W. McNeill & N. Walker, Trans.). Indiana UP.

39 Ringmar, E. (2016). Attention and the cause of modern boredom. In M. Gardiner, & J. J. Haladyn (Eds.), *Boredom studies reader* (pp. 193–202). Routledge.

4장 지루함의 근원적 처방

1 Maddi, S. (1970). The search for meaning. In W. Arnold, & M. Page (Eds.), *Nebraska Symposium on Motivation* (Vol. 18). Nebraska UP.

2 https://www.merriam-webster.com/dictionary/acedia

3 오영주. (2012). 〈『감정교육』 L'Educ'sentime: 우울한 금전교육 L'Educ'centime〉. 불어불문학연구, 89, 147–171.

4 Agamben, G. (1993). *Stanzas: Word and phantasm in western cul-*

ture. Minnesota UP.

5   Wenzel, S. (2017). *The sin of sloth: Acedia in medieval thought and literature*. UNC Press Books.

6   이혜민. (2017), 〈타자의 그림자: 유디트 헤르만의 『여름 별장, 그 후』에 나타난 멜랑콜리 연구〉, 서울대학교 대학원.

7   Toohey, P. (1990). Acedia in late classical antiquity. *Illinois Classical Studies, 15*(2), 339-352.

8   Agamben, G. (1993). *Stanzas: word and phantasm in Western culture*. Minnesota UP.

9   앞의 책, p.6.

10   Oughourlian, J. M. (2009). *The genesis of desire*. MSU Press.

11   Wilde, O. (2014). *Lady Windermere's fan*. A&C Black.

12   Frankfurt, H. G. (2004). *The reasons of love* (p. 54). Princeton UP.

13   Frankfurt, H. G. (1999). *Necessity, volition, and love*. Cambridge UP.

14   앞의 책, p.158.

15   Frankfurt, H. G. (1982). The importance of what we care about. *Synthese, 53*(2) 257-272.

16   Frankfurt, H. G. (2004). *The reasons of love*. Princeton UP.

17   Nietzsche, F. (2006). *Nietzsche: Thus Spoke Zarathustra* (A. Del Caro, Trans., p. 7) Cambridge UP.

18   Simondon, G. (2020). *Individuation in light of notions of form and information* (T. Adkins, Trans.). Minnesota UP.

19   Rosa, H. (2020). *The uncontrollability of the world* (p. 2). John Wiley & Sons.

20   Rosa, H. (2013). *Social acceleration: A new theory of modernity* (J. Trejo-Mathys Trans.). Columbia UP.

21   Rosa, H. (2020). *The uncontrollability of the world* (J. C. Wagner,

Trans., p. 30). John Wiley & Sons.

22   Rosa, H. (2019). *Resonance: A sociology of our relationship to the world* (J. C. Wagner, Trans.). John Wiley & Sons.

23   앞의 책, p. 115.

24   Susen, S. (2020). The resonance of resonance: Critical theory as a sociology of world-relations?. *International Journal of Politics, Culture, and Society, 33*(3), 309–344.

25   Keats, J. (2005). *Selected letters of John Keats: based on the texts of Hyder Edward Rollins* (G. F. Scott, Ed., p. 60). Harvard U. P.

26   Bion, W. R. (1984). *Attention and Interpretation* (p. 129). Routledge.

우울함이 아니라 지루함입니다

초판 1쇄 발행 │ 2024년 8월 1일

지은이 │ 변지영
펴낸이 │ 이은성
편 집 │ 구윤희
디자인 │ 신용진
펴낸곳 │ 필로소픽
주 소 │ 서울시 종로구 창덕궁길 29-38, 4-5층
전 화 │ (02) 883-9774
팩 스 │ (02) 883-3496
이메일 │ philosophik@naver.com
등록번호 │ 제2021-000133호

ISBN 979-11-5783-343-6 03100

필로소픽은 푸른커뮤니케이션의 출판 브랜드입니다.